Fredo 1 Mathematik

Arbeitsheft mit interaktiven Übungen

Erarbeitet von
Mechtilde Balins
Rita Dürr
Nicole Franzen-Stephan
Ute Plötzer
Anne Strothmann
Margot Torke

Illustriert von
Friederike Ablang
Cleo-Petra Kurze
Martina Theisen

Unter Beratung von
Christian Bussebaum,
Mathematisch-
Lerntherapeutisches
Institut Düsseldorf

 Deine **interaktiven Übungen** findest du hier:

1. Melde dich auf scook.de an.
2. Gib den unten stehenden Zugangscode in die Box ein.
3. Hab viel Spaß mit deinen interaktiven Übungen.

www.scook.de
2bs7a-8vj23

Die Nutzungsdauer für die Online-Übungen beträgt nach Aktivierung des Zugangscodes zwei Jahre. In dieser Zeit speichern wir deine Lernstandsdaten für dich; nach Ablauf der Nutzungsdauer werden sie gelöscht.

Inhaltsverzeichnis

 1 Zähle. Zusammen sind es …

 2 Zähle. Zusammen sind es …

     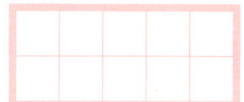

3 Zähle. Zusammen sind es …

1 Zeige mit den Fingern. Verbinde.

2		6
0		5
1		8
4		10
3		9
		7

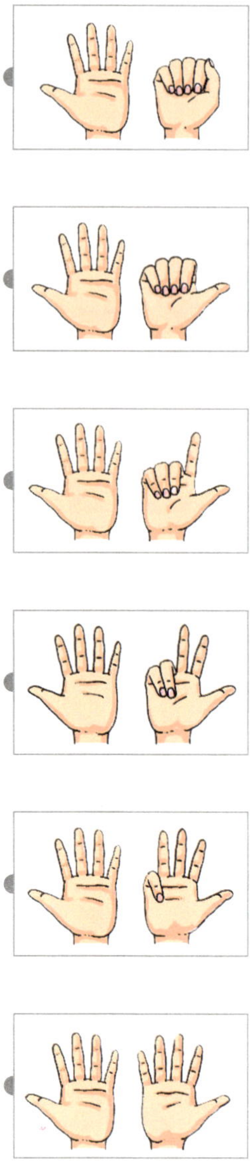

2 Zeige mit den Fingern. Male an.

5

3

8

4

6

9

10

7

✎ **3** Verbinde.

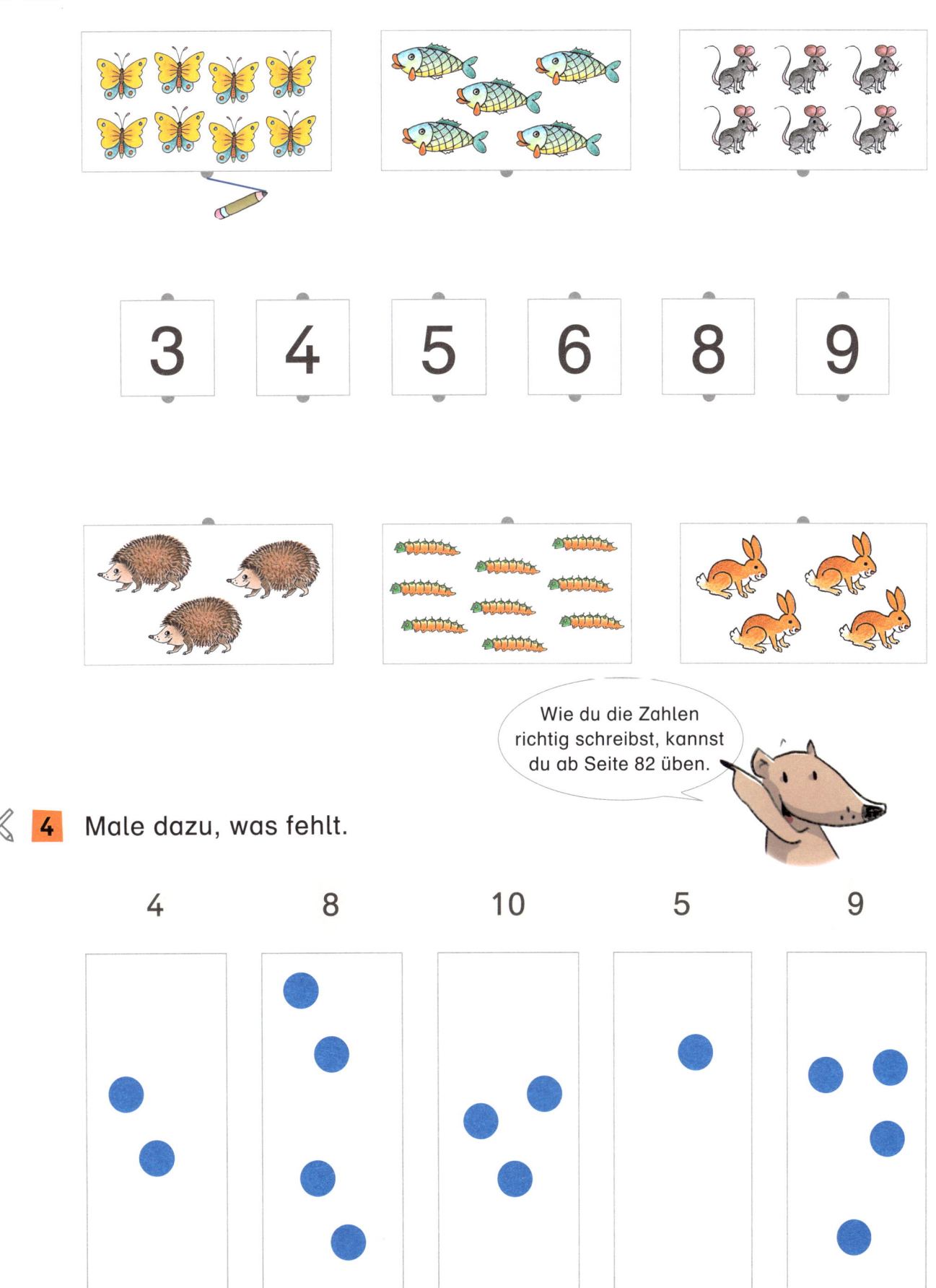

| 3 | 4 | 5 | 6 | 8 | 9 |

Wie du die Zahlen richtig schreibst, kannst du ab Seite 82 üben.

✄ **4** Male dazu, was fehlt.

| 4 | 8 | 10 | 5 | 9 |

1 Gleich viele?

2 Gleich viele?

 **3** Gleich viele: Male dazu.

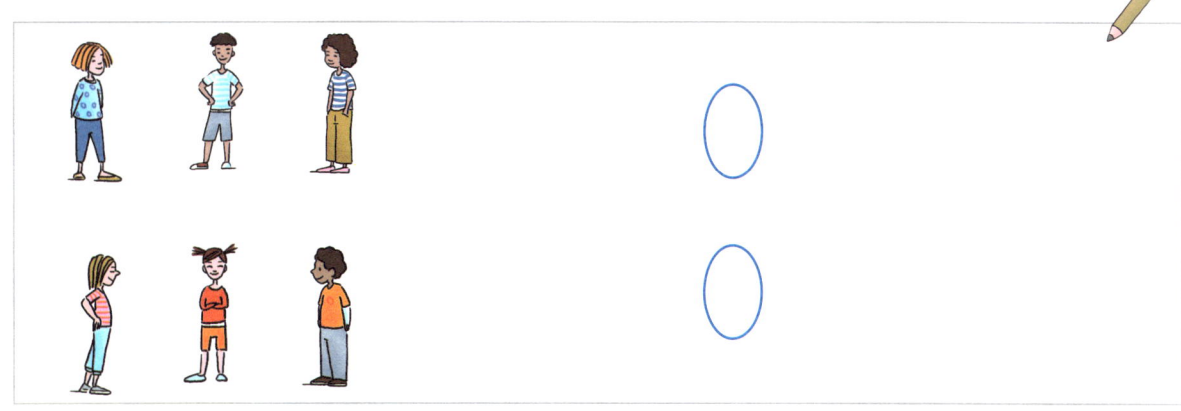

☺

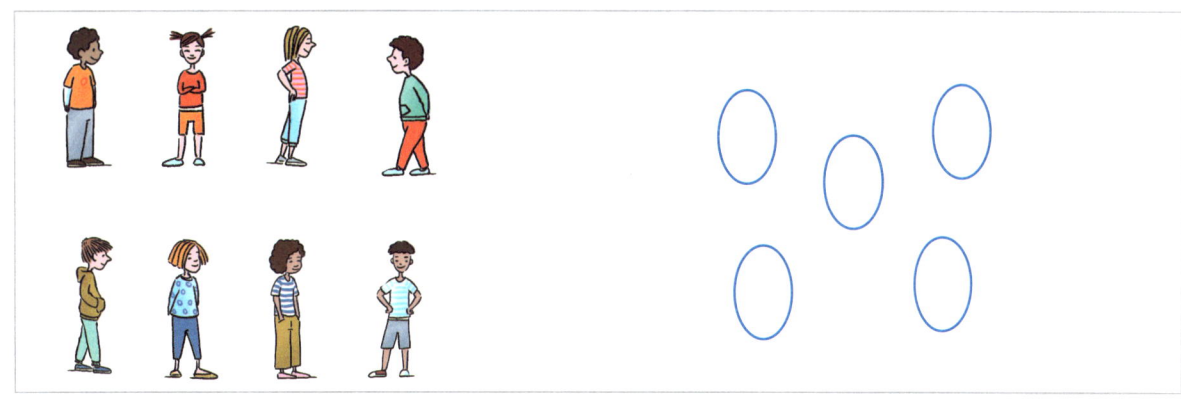

☺

4 Gleich viele: Wie viele fehlen?

☺

☺

1 Wer hat mehr? Wie viele mehr?

2 Wer hat mehr? Wie viele mehr?

3 Welche Zahl hat Justus gewürfelt? Male an.

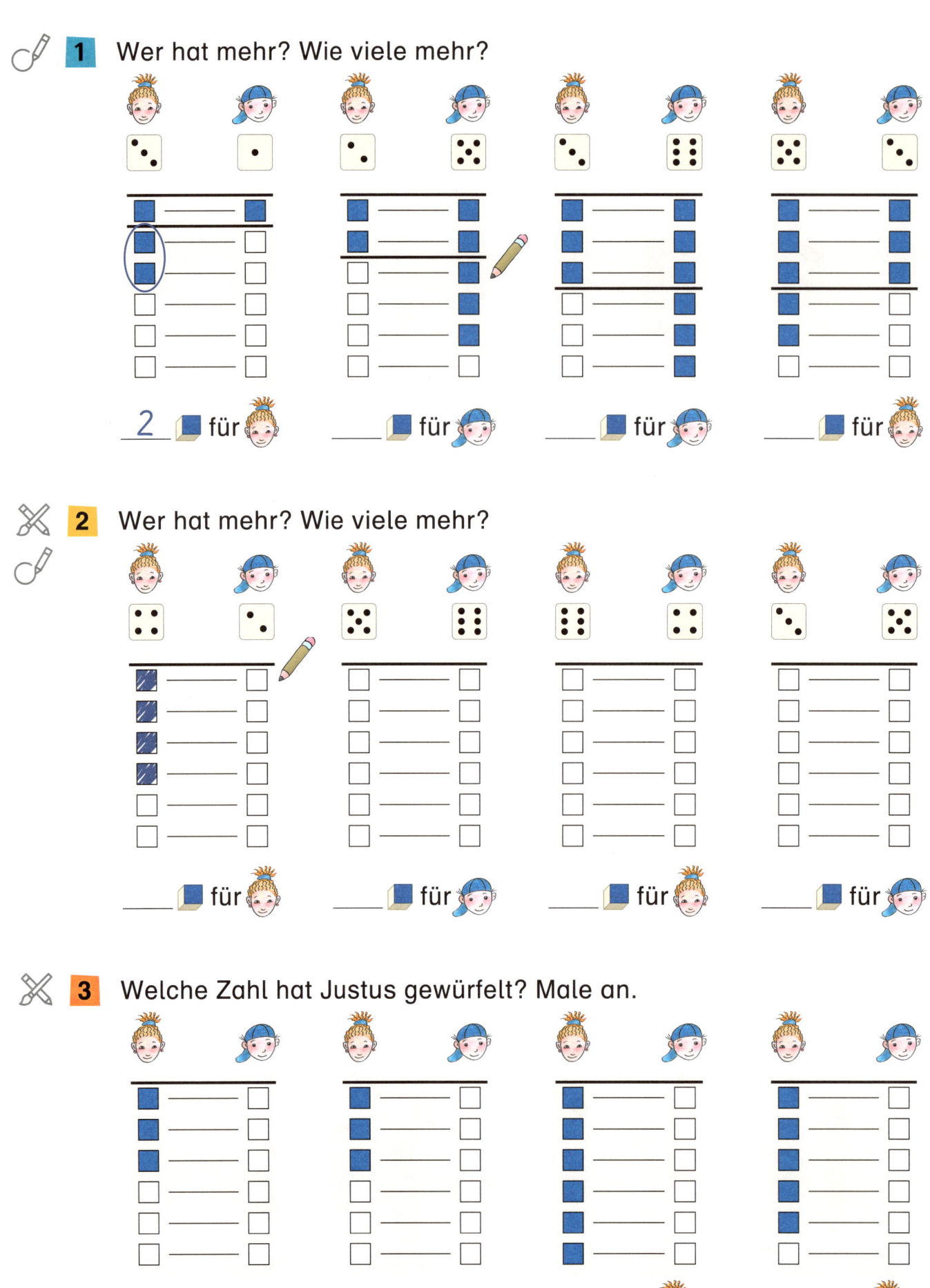

1 Wie viele sind es?

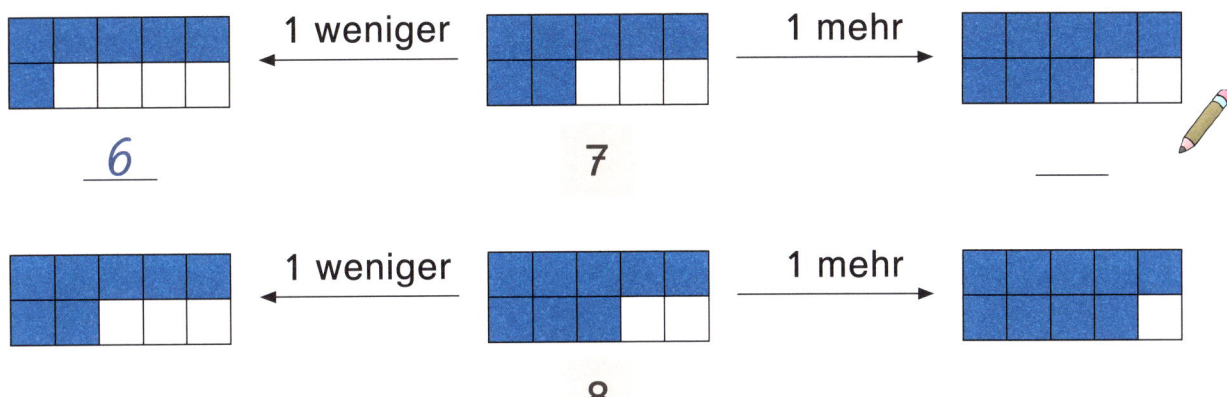

2 Wie viele sind es?

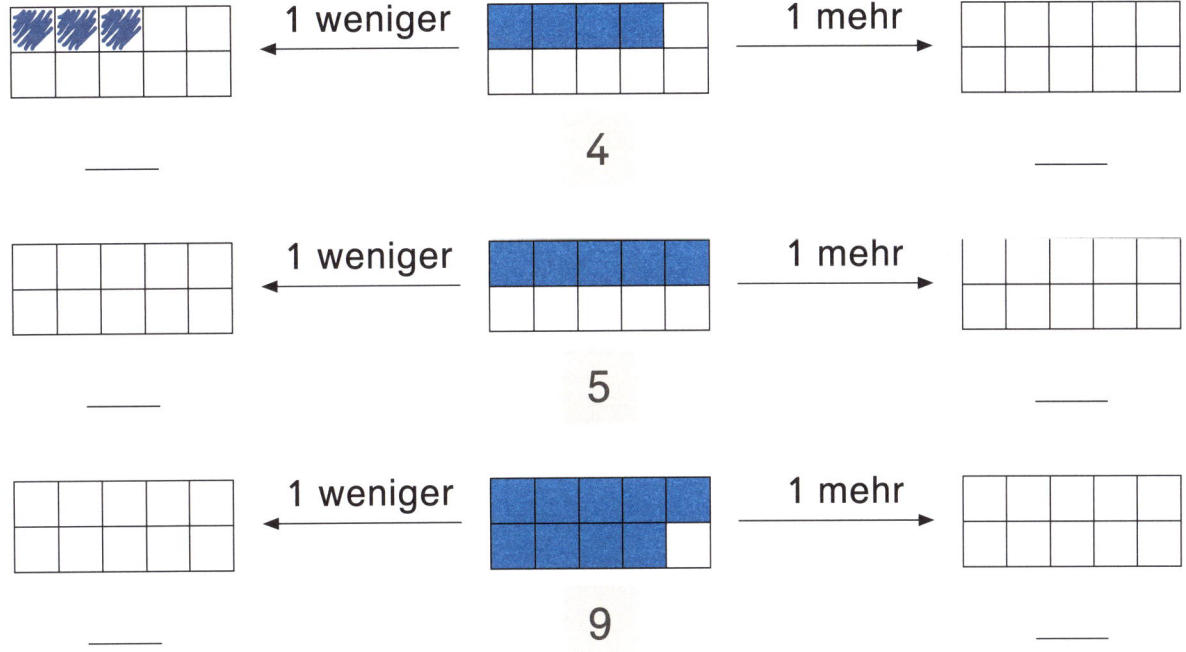

3 Welche Zahl ist **größer**? Kreise ein. Wie viel größer? Notiere.

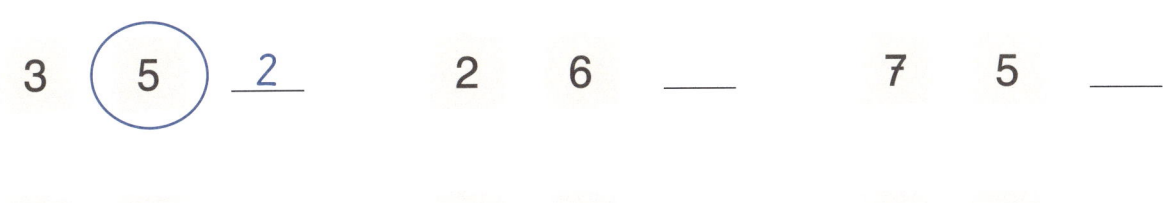

3 ⑤ _2_   2 6 ___   7 5 ___

10 2 ___   4 9 ___   8 3 ___

1 Wie heißt die Nachbarzahl?

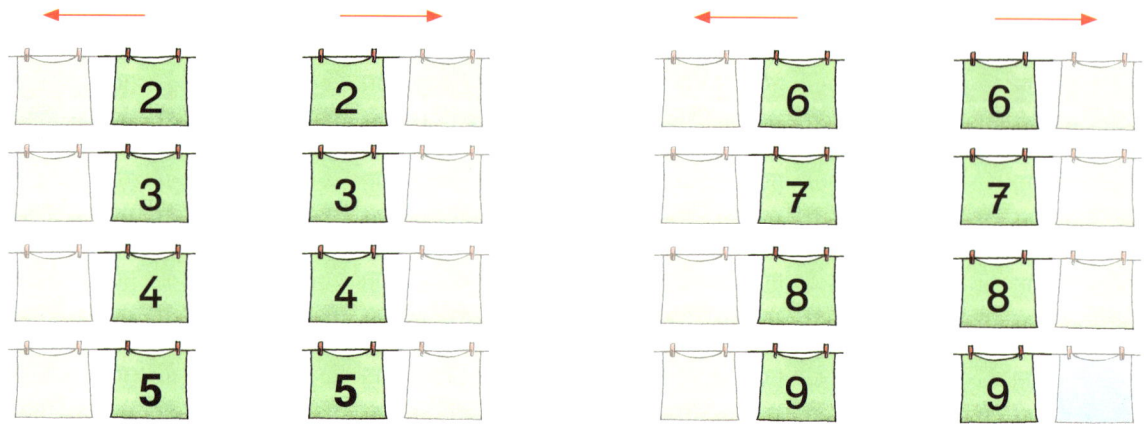

2 Wie heißen die Nachbarzahlen?

3 Wie geht es weiter?

4 Immer 2 mehr.

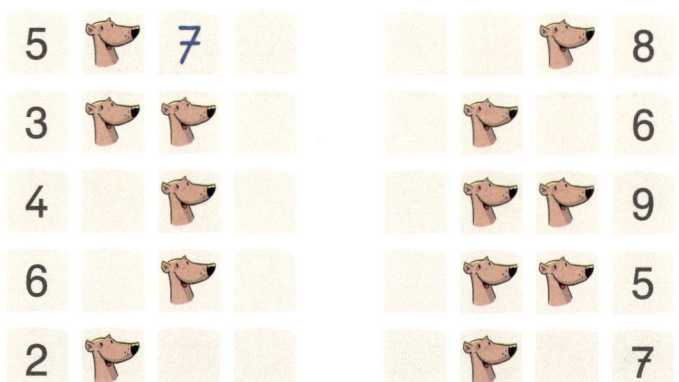

Partnerübungen zum Thema befinden sich im Trainingsplan auf S. 92, 93.

1 Vergleiche: (>), (<), (=)

   5 > 4    3 ◯ 1    2 ◯ 5    3 ◯ 3

 1 ◯ 4    6 ◯ 4   5 ◯ 3   5 ◯ 6

2 Vergleiche: (>), (<), (=)

3 ◯ 4   5 ◯ 5   7 ◯ 4   2 ◯ 1

8 ◯ 9   2 ◯ 4   1 ◯ 5   3 ◯ 2

1 ◯ 1   6 ◯ 3   8 ◯ 5   7 ◯ 6

7 ◯ 2   4 ◯ 8   10 ◯ 4   9 ◯ 9

8 ◯ 7   10 ◯ 1   3 ◯ 9   5 ◯ 6

3 Male die passenden Zahlen an.

3 < | 2 | 3 | 4 | 5 | 6 | 6 > | 3 | 4 | 5 | 6 | 7 |

5 < | 5 | 6 | 7 | 8 | 9 | 4 > | 1 | 2 | 3 | 4 | 5 |

7 < | 5 | 6 | 7 | 8 | 9 | 8 > | 4 | 5 | 6 | 7 | 8 |

4 Trage passende Zahlen ein.

4 < | ? | _5, 6, _____   7 > | ? | _____

6 < | ? | _____   5 > | ? | _____

__ < | ? | _____   __ > | ? | _____

Partnerübungen zum Thema befinden sich im Trainingsplan auf S. 92, 93.

11

1 Wo ist der Apfel? Kreuze an. ☒

links			links			oben			oben	
rechts			rechts			unten			unten	

2 Wo sind die Dinge? Kreuze an. ☒

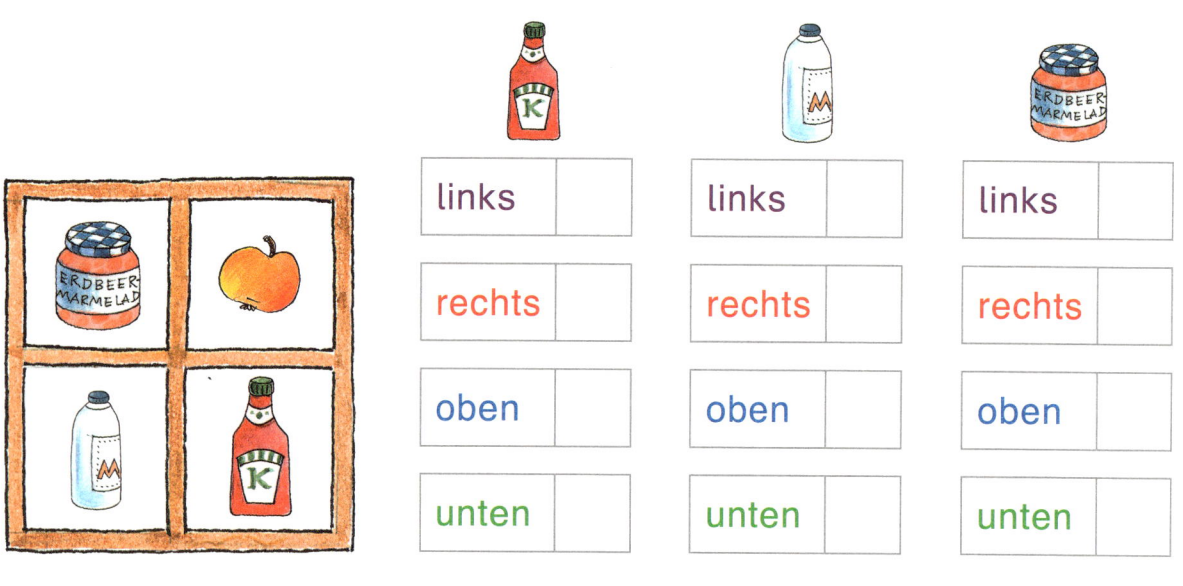

links		links		links	
rechts		rechts		rechts	
oben		oben		oben	
unten		unten		unten	

3 Wo sind die Dinge? Zeichne ein.

unten	links

oben	links

oben	rechts

unten	rechts

1   Lege nach und male. ✏️✏️

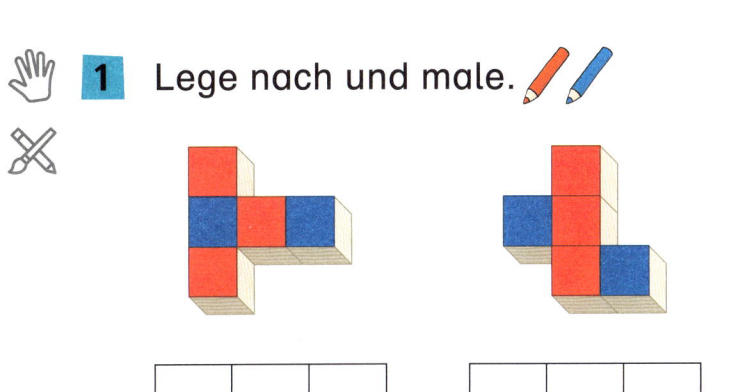

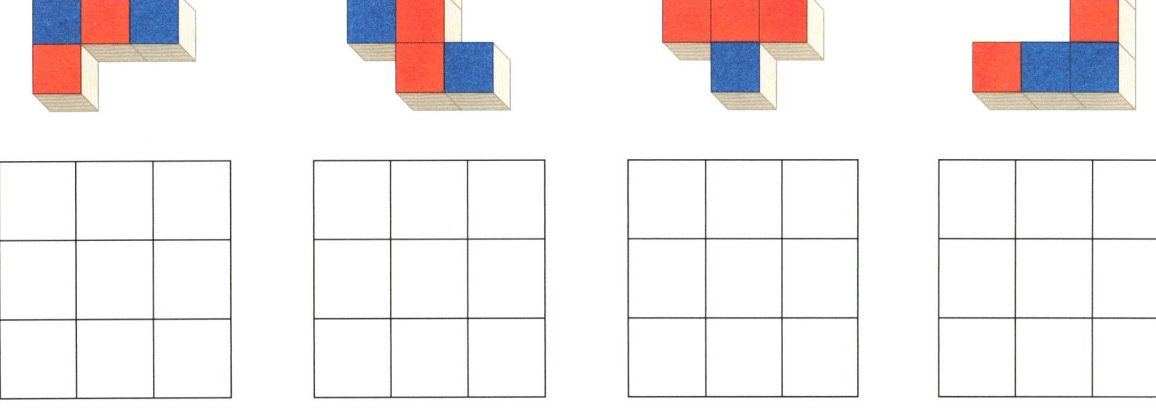

2   Lege nach und male. ✏️✏️

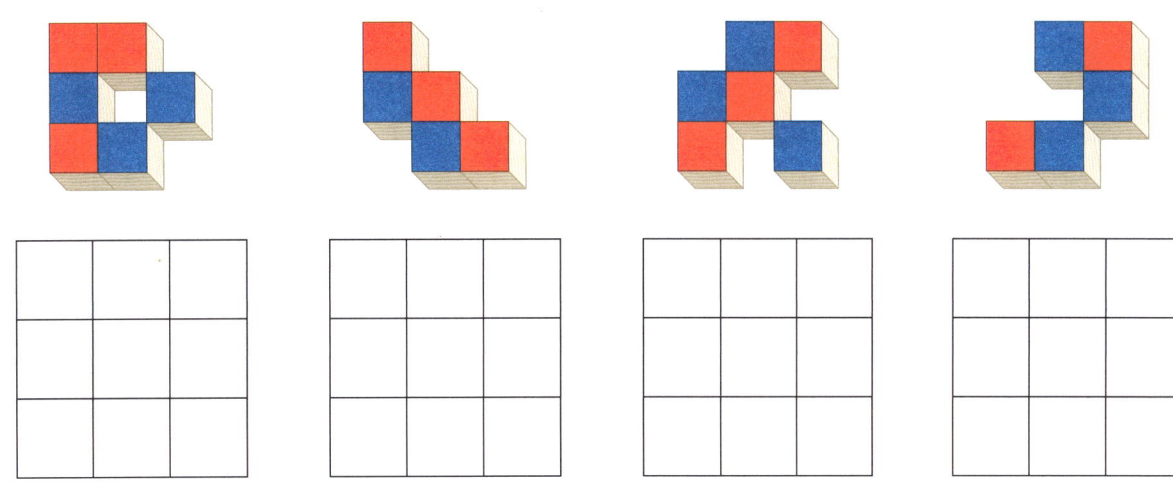

3   Finde die Fehler. Kreise ein.

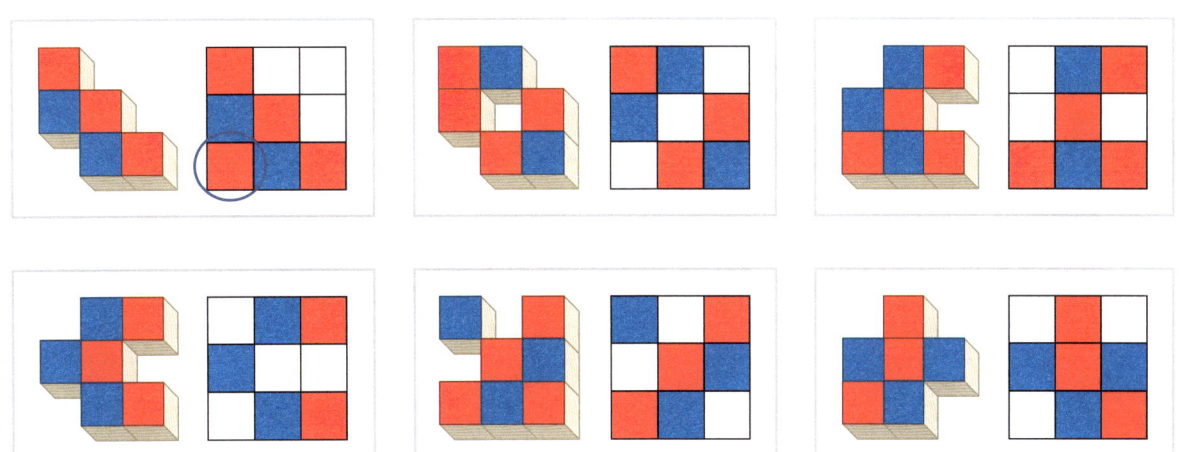

1 Wie geht es weiter?

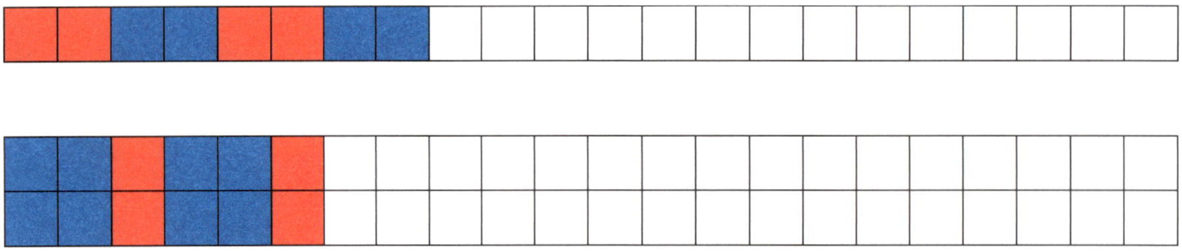

2 Wie geht es weiter?

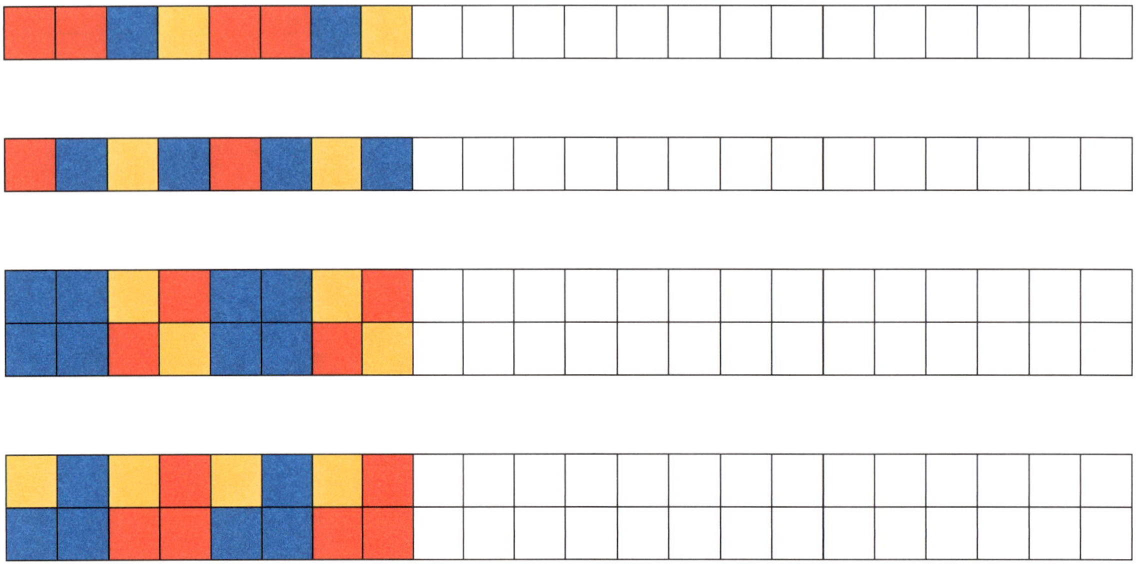

3 Male ein eigenes Muster.

4 Finde den Fehler. Male richtig.

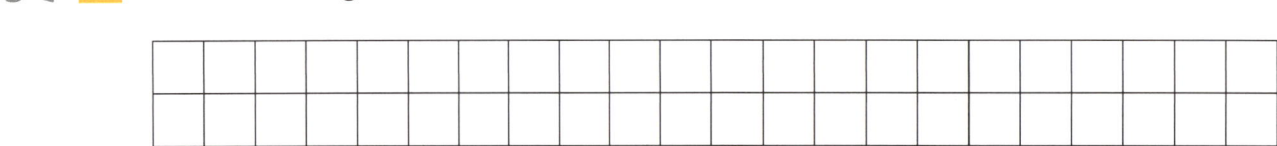

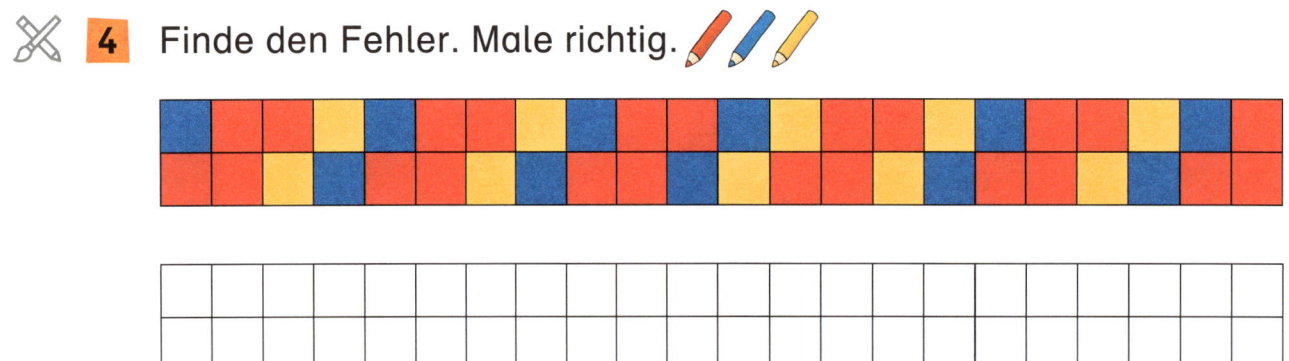

1 Zählen

 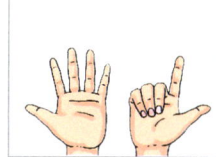  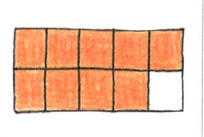 

_____   _____   _____   _____   _____

2 Zahlen darstellen

3   5   9   6   8

3 Nachbarzahlen benennen

4 Zahlen mit (>), (<), (=) vergleichen

6 ◯ 4   5 ◯ 5   8 ◯ 6   7 ◯ 9   4 ◯ 8

3 ◯ 7   7 ◯ 6   4 ◯ 2   5 ◯ 3   7 ◯ 6

 5 Muster fortsetzen

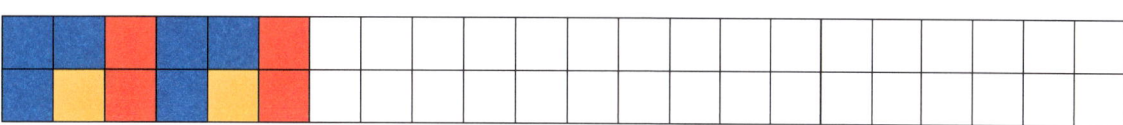

1 Zerlege.

2 Zerlege.

(10)	(10)	(5)	(6)	(8)
5	7	3	1	1
8	4	0	4	3
2	3	4	3	2
6	1	2	6	8
9	10	1	2	4

3 Zerlege.

(11)	(11)	(13)	(13)
10	5	10	1
9	6	9	3
8	2	8	0
7	4	7	2

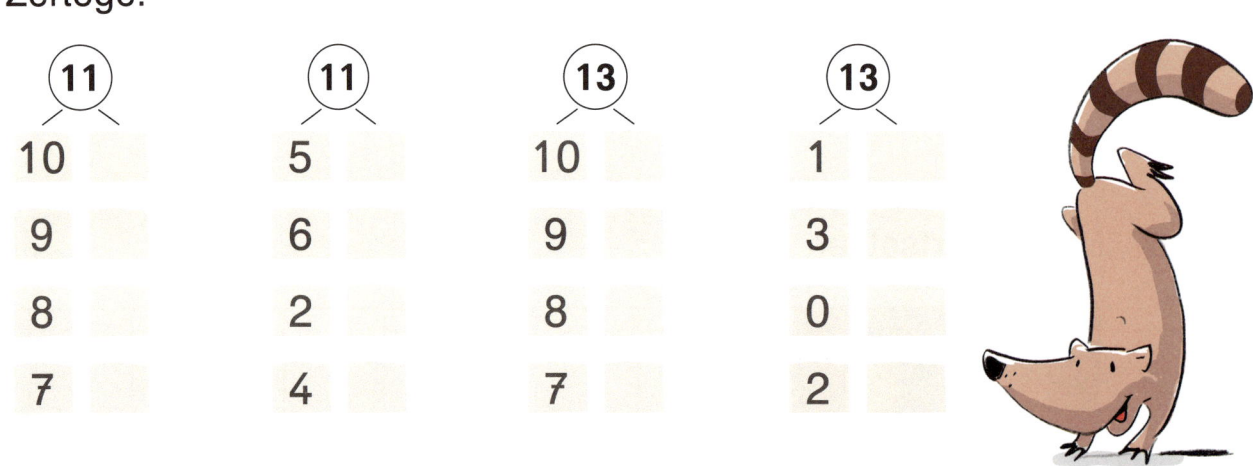

Partnerübungen zum Thema befinden sich im Trainingsplan auf S. 92, 93.

1 Schreibe die **Plus**aufgabe.

_6_   + _2_   = ____

____   + ____   = ____

2 Schreibe die **Minus**aufgabe.

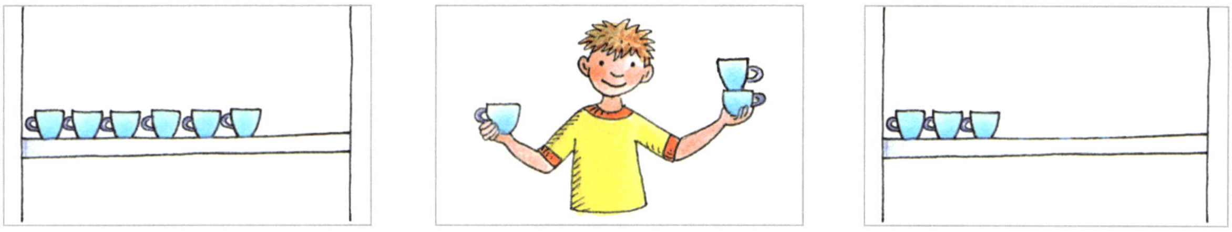

_6_   – ____   = ____

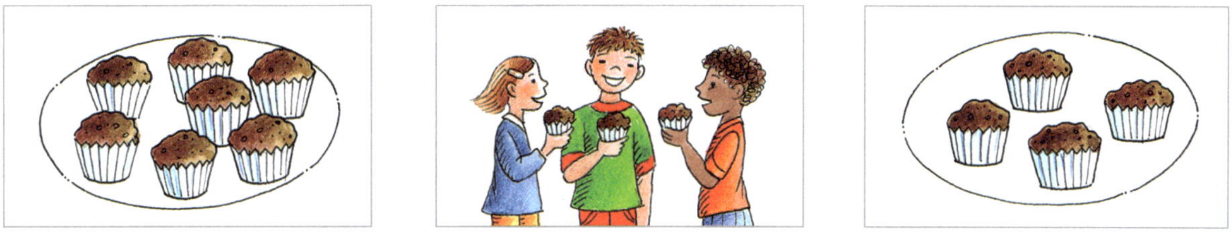

____   – ____   = ____

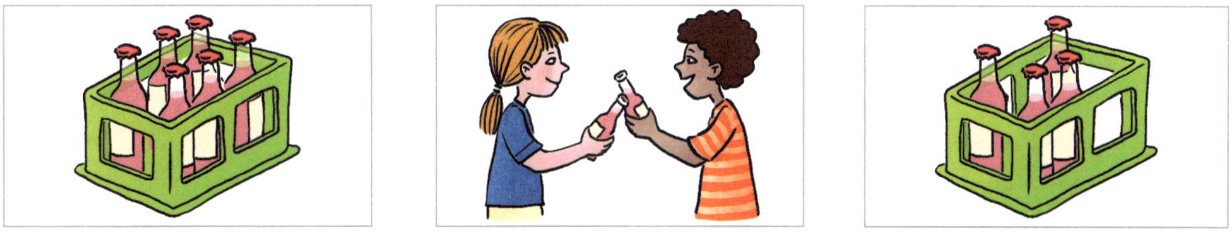

____   – ____   = ____

1 Plus oder minus? Schreibe die Aufgabe.

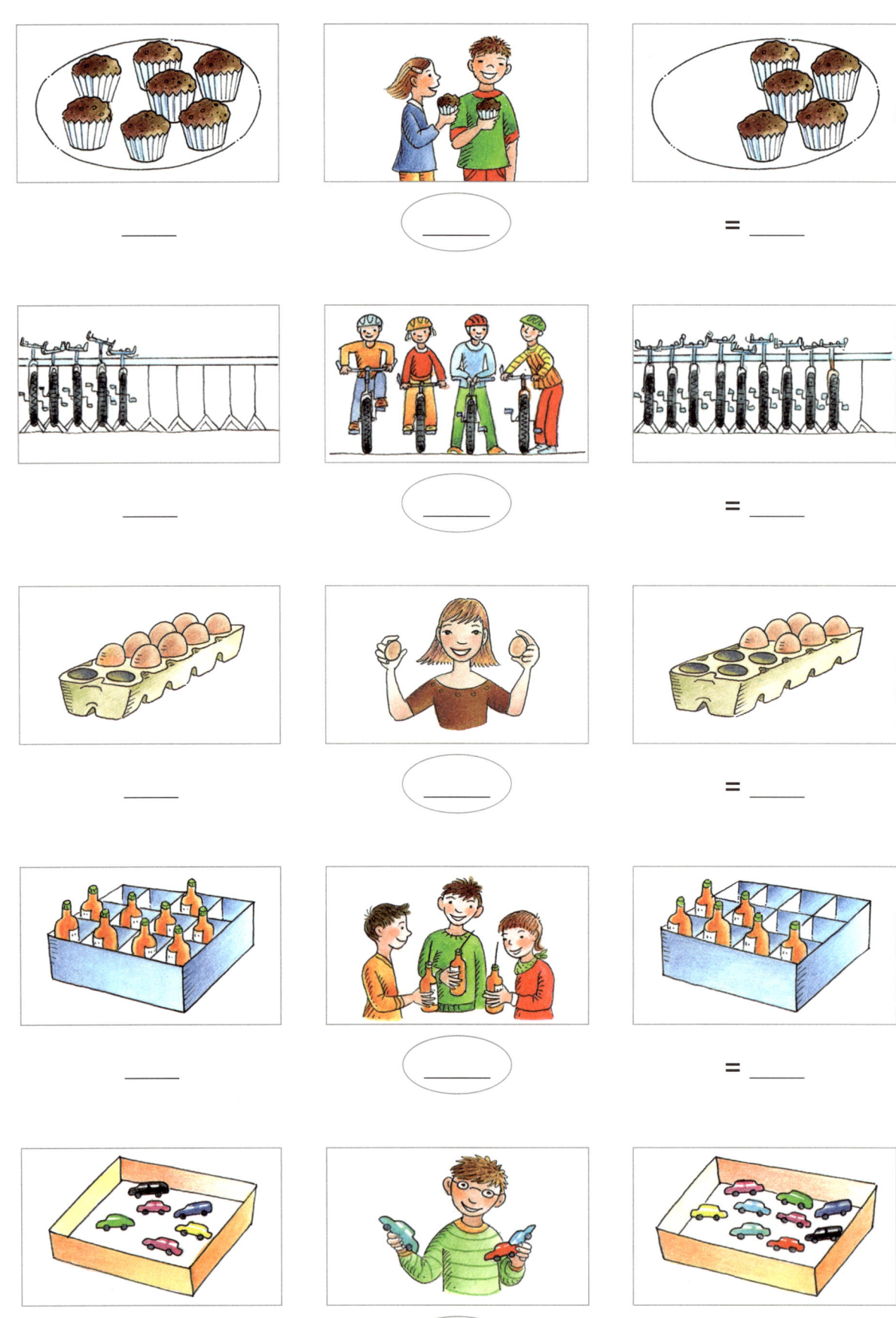

✎ **2** Entscheide: Plus oder minus? Male das letzte Bild.

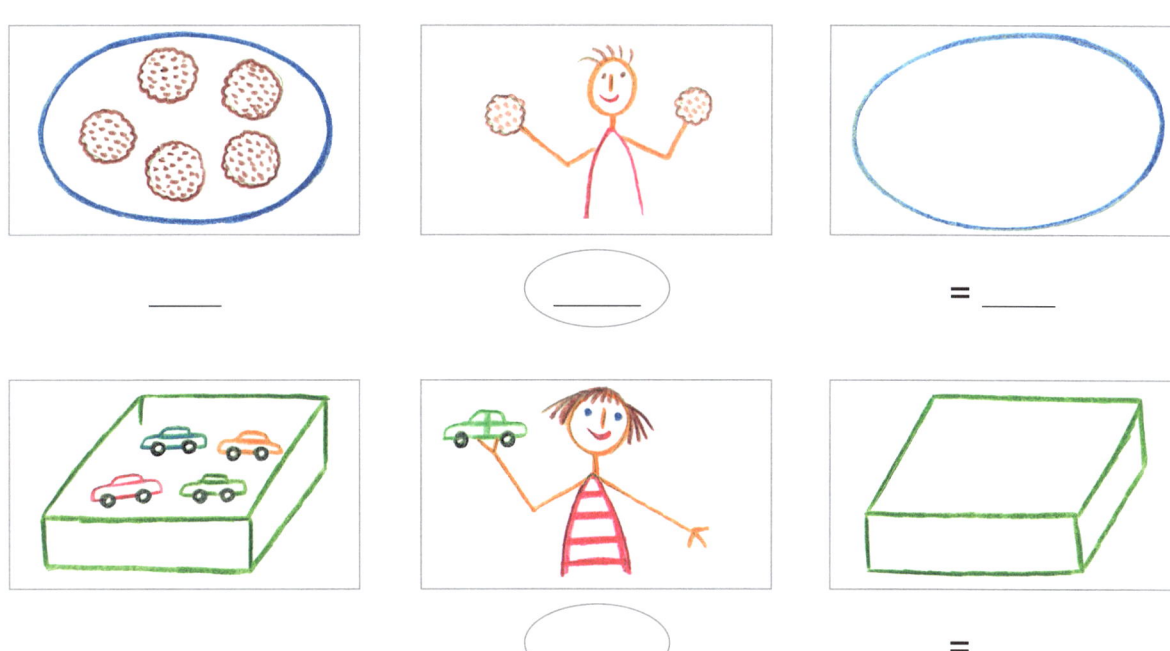

_____   _____   = _____

_____   _____   = _____

✎ **3** Male das fehlende Bild. Schreibe die Aufgabe.

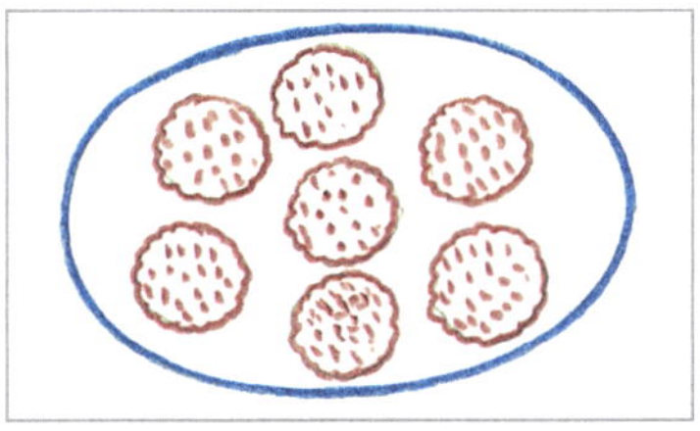

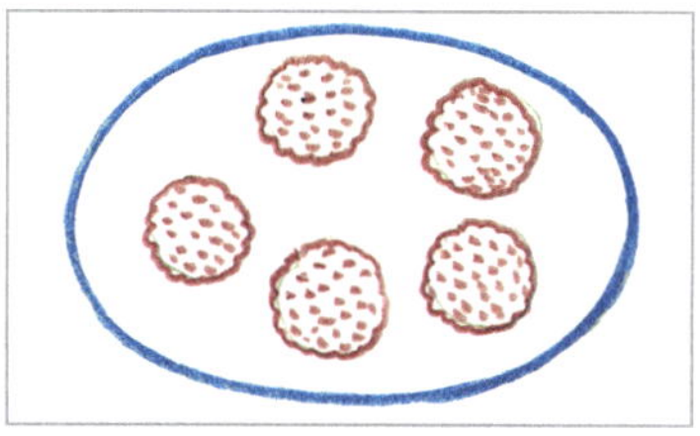

_____   _____   = _____

_____   _____   = _____

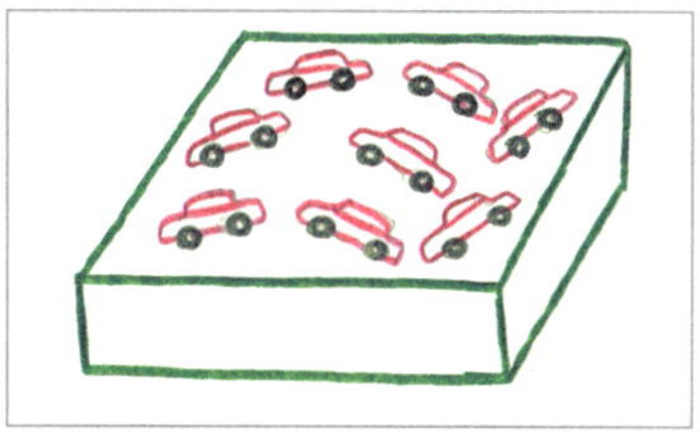

_____   _____   = _____

1 Zeige mit deinen Fingern.
Schreibe die Aufgabe und rechne.

__5__ + __2__ = ____

___ + ___ = ____

___ + ___ = ____

___ + ___ = ____

___ + ___ = ____

___ + ___ = ____

___ + ___ = ____

___ + ___ = ____

___ + ___ = ____

2 Zeige mit deinen Fingern und rechne.

6 + 2 = ____   8 + 1 = ____   6 + 4 = ____

5 + 4 = ____   7 + 2 = ____   7 + 3 = ____

4 + 0 = ____   6 + 3 = ____   9 + 1 = ____

7 + 1 = ____   5 + 3 = ____   5 + 5 = ____

2 + 2 = ____   0 + 7 = ____   8 + 2 = ____

3 Rechne.

2 + 7 = ____   3 + 3 = ____

4 + 4 = ____   1 + 9 = ____

1 + 6 = ____   4 + 3 = ____

3 + 4 = ____   3 + 7 = ____

1 Lege nach und rechne.

2 + 2 = ____

2 + 3 = ____

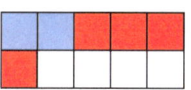

2 + 4 = ____

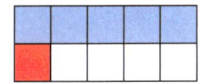

5 + 1 = ____

7 + 2 = ____

3 + 4 = ____

 2 Male an und rechne.

6 + 2 = ____

3 + 3 = ____

2 + 7 = ____

4 + 3 = ____

1 + 8 = ____

5 + 4 = ____

3 Male und schreibe selbst Aufgaben.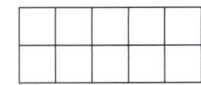

___ + ___ = ___

___ + ___ = ___

___ + ___ = ___

4 Schreibe passende Plusaufgaben.

Ergebnis ist **kleiner** als 7	Ergebnis ist **größer** als 7	Ergebnis ist **gleich** 7

1 Aufgabe und Tauschaufgabe: Rechne.

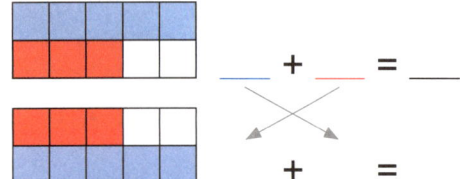 ___ + ___ = ___

___ + ___ = ___

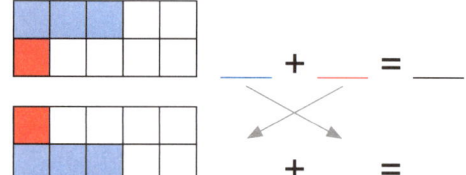 ___ + ___ = ___

___ + ___ = ___

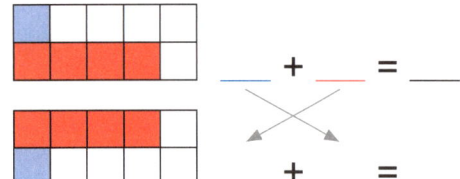 ___ + ___ = ___

___ + ___ = ___

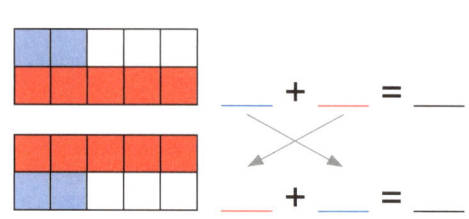 ___ + ___ = ___

___ + ___ = ___

2 Aufgabe und Tauschaufgabe: Male an und rechne.

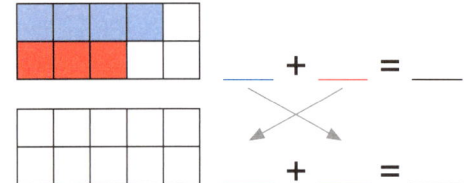 ___ + ___ = ___

___ + ___ = ___

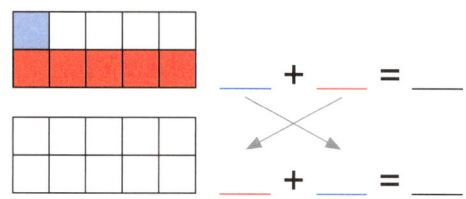 ___ + ___ = ___

___ + ___ = ___

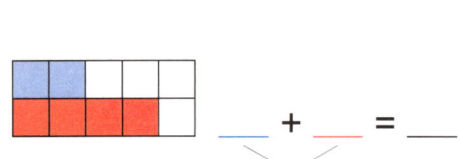 ___ + ___ = ___

___ + ___ = ___

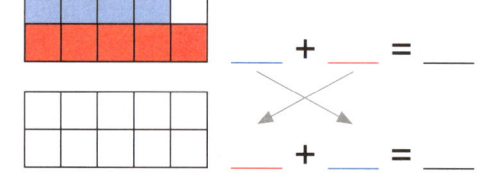 ___ + ___ = ___

___ + ___ = ___

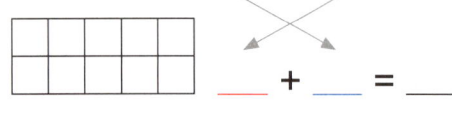

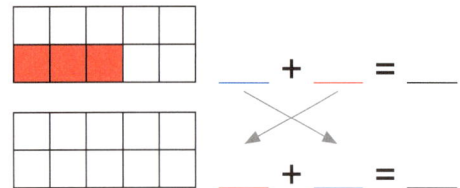 ___ + ___ = ___

___ + ___ = ___

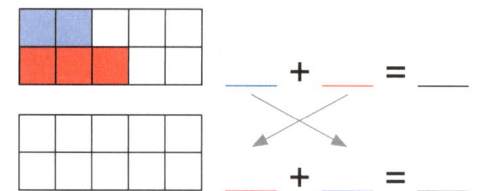 ___ + ___ = ___

___ + ___ = ___

3 Schreibe die Tauschaufgabe und rechne.

$2 + 7 =$ ___ $6 + 3 =$ ___ $8 + 0 =$ ___ $1 + 9 =$ ____

___ + ___ = ___   ___ + ___ = ___   ___ + ___ = ___   ___ + ___ = ___

1 Zahlen zerlegen

(10)	(5)	(4)	(7)
8	3	1	4
3	1	2	6
9	5	3	2

2 Zu Bildern passende Aufgaben notieren

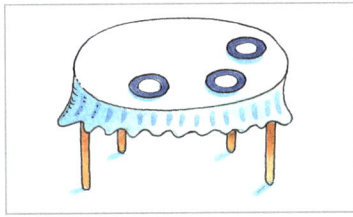
_____

(_____)

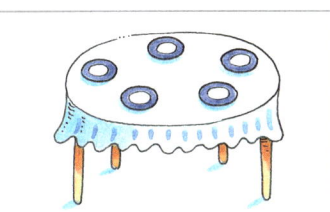
= _____

_____

(_____)

= _____

3 Plusaufgaben lösen

5 + 0 = ____   3 + 3 = ____   6 + 3 = ____   5 + 4 = ____

4 + 2 = ____   1 + 7 = ____   6 + 4 = ____   2 + 5 = ____

7 + 3 = ____   2 + 7 = ____   3 + 2 = ____   9 + 1 = ____

4 Tauschaufgaben bilden und lösen

2 + 6 = ____   4 + 5 = ____   8 + 2 = ____

_6_ + _2_ = ____   ___ + ___ = ____   ___ + ___ = ____

1 + 9 = ____   5 + 3 = ____   3 + 4 = ____

___ + ___ = ____   ___ + ___ = ____   ___ + ___ = ____

23

1 Zeige mit deinen Fingern.
Streiche weg und rechne.

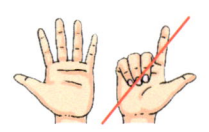 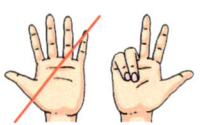 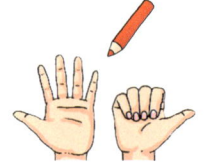 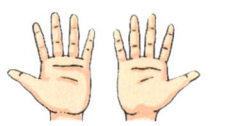

7 – 2 = ___   8 – 5 = ___   6 – 5 = ___   10 – 5 = ___

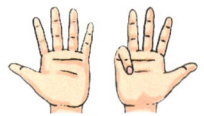   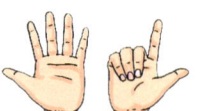

9 – 4 = ___   8 – 3 = ___   9 – 5 = ___   7 – 5 = ___

2 Zeige mit deinen Fingern und rechne.

6 – 1 = ___   10 – 5 = ___   4 – 1 = ___

6 – 4 = ___   10 – 2 = ___   7 – 3 = ___

6 – 5 = ___   10 – 3 = ___   8 – 6 = ___

6 – 3 = ___   10 – 6 = ___   9 – 3 = ___

6 – 0 = ___   10 – 8 = ___   5 – 2 = ___

6 – 2 = ___   10 – 1 = ___   7 – 4 = ___

3 Notiere Minusaufgaben zu diesen Ergebnissen.

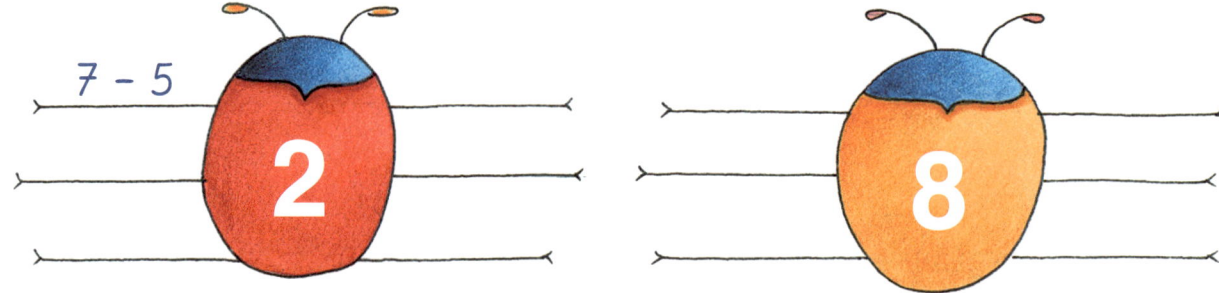

7 – 5   2   8

1 Schreibe die Minusaufgabe und rechne.

   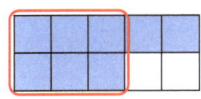   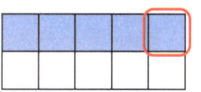

7 – 3 = ___   ___ – ___ = ___   ___ – ___ = ___

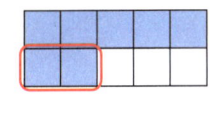   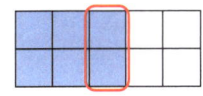   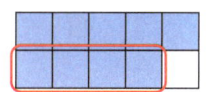

___ – ___ = ___   ___ – ___ = ___   ___ – ___ = ___

 2 Male an, kreise ein und rechne.

   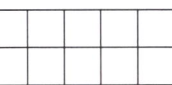   

5 – 4 = ___   8 – 2 = ___   7 – 5 = ___

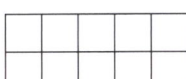   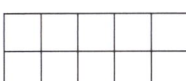   (grid)

6 – 3 = ___   9 – 5 = ___   10 – 6 = ___

3 Kreise ein und schreibe selbst Aufgaben.

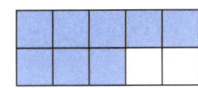   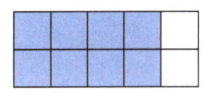   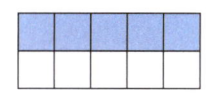

___ – ___ = ___   ___ – ___ = ___   ___ – ___ = ___

4 Schreibe passende Minusaufgaben.

Ergebnis ist **kleiner** als 4	Ergebnis ist **größer** als 4	Ergebnis ist **gleich** 4

1 Welche Aufgabe siehst du im Bild? Kreuze an und rechne.

☐ 7 + 1 = ___

☐ 8 − 1 = ___

☐ 2 + 3 = ___

☐ 5 − 3 = ___

☐ 2 + 4 = ___

☐ 6 − 4 = ___

☐ 5 + 3 = ___

☐ 8 − 3 = ___

☐ 4 + 2 = ___

☐ 6 − 2 = ___

☐ 2 + 2 = ___

☐ 4 − 2 = ___

 2 Welche Aufgabe passt? Verbinde und rechne.

8 − 4 = ___

6 + 2 = ___

4 + 4 = ___

8 − 2 = ___

7 + 1 = ___

8 − 1 = ___

3 Male das Bild zur Rechenaufgabe fertig.

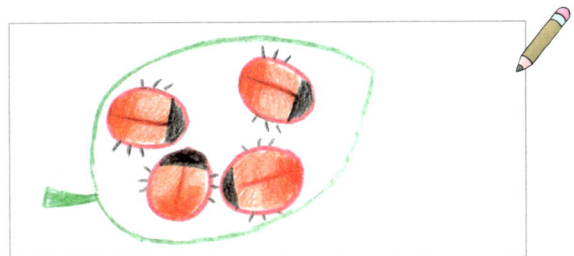

4 + 2 = ___

5 + 1 = ___

7 − 3 = ___

9 − 5 = ___

4 Schreibe immer zwei passende Rechnungen zum Bild.

_____

_____

_____

_____

_____

_____

_____

_____

1 Welche Aufgabe passt? Verbinde und rechne.

3 + 3 = ___   3 + 2 = ___   3 – 1 = ___

2 Schreibe eine passende Aufgabe zum Bild. Rechne.

_____   _____   _____

3 Male passende Bilder zu den Aufgaben.

6 + 3 = ___   8 – 5 = ___

1   Rechne Aufgabe und Umkehraufgabe.

7 – 5 = _2_   8 – 5 = __   6 – 3 = __   8 – 1 = __

_2_ + 5 = __   __ + 5 = __   __ + 3 = __   __ + 1 = __

2   Rechne Aufgabe und Umkehraufgabe.

10 – _3_ = ___   10 – ___ = ___   10 – ___ = ___

___ + ___ = ___   ___ + ___ = ___   ___ + ___ = ___

3   Rechne Aufgabe und Umkehraufgabe.

6 – 5 = _1_   9 – 3 = __   8 – 0 = __   10 – 7 = ___

_1_ + 5 = _6_   __ + 3 = __   __ + 0 = __   __ + 7 = ___

9 – 7 = __   6 – 0 = __   7 – 4 = __   10 – 1 = ___

__ + _7_ = __   __ + __ = __   __ + __ = __   __ + __ = ___

9 – 5 = __   7 – 3 = __   6 – 4 = __   10 – 5 = ___

__ + __ = __   __ + __ = __   __ + __ = __   __ + __ = ___

4   Trage die fehlende Zahl ein.

___ – 3 = 7   ___ – 4 = 2   ___ – 2 = 6

___ – 5 = 3   ___ – 1 = 8   ___ – 6 = 1

___ – 8 = 1   ___ – 10 = 0   ___ – 5 = 11

Die Umkehraufgabe hilft.

___ – 6 = 3

3 + 6 = ___

1 Bilde mit den 3 Zahlen 4 Aufgaben.

| 4 | 9 | 5 |

$4 + \underline{5} = \underline{9}$

$5 + \underline{} = \underline{}$

$9 - \underline{} = \underline{}$

$9 - \underline{} = \underline{}$

| 2 | 6 | 8 |

$2 + \underline{} = \underline{}$

$6 + \underline{} = \underline{}$

$8 - \underline{} = \underline{}$

$8 - \underline{} = \underline{}$

| 7 | 1 | 6 |

$1 + \underline{} = \underline{}$

$6 + \underline{} = \underline{}$

$7 - \underline{} = \underline{}$

$7 - \underline{} = \underline{}$

2 Bilde mit den 3 Zahlen 4 Aufgaben.

| 2 | 4 | 6 |

_____

_____

_____

_____

| 4 | 4 | 0 |

_____

_____

_____

_____

| 9 | 6 | 3 |

_____

_____

_____

_____

3 3 Zahlen – 4 Aufgaben: Eine Zahl fehlt.

| 5 | 3 | |

_____

_____

_____

_____

| 7 | 2 | |

_____

_____

_____

_____

Hier gibt es immer 2 Möglichkeiten. Wähle eine aus.

4 Das faule Ei: Eine Karte passt nicht. Streiche sie durch.

| 5 | 2 | 3 | 4 |

| 3 | 2 | 7 | 4 |

| 8 | 1 | 7 | 4 |

| 4 | 2 | 1 | 5 |

| 1 | 2 | 6 | 4 |

| 7 | 2 | 6 | 9 |

1 Welche Karte passt?

| 5 | + | 3 | = | 8 | | 4 |
| 2 | + | | = | 6 | | 3 |

| 3 | + | | = | 5 | | 2 |
| 6 | + | | = | 9 | | 3 |

| 4 | + | | = | 5 | | 2 |
| 5 | + | | = | 7 | | 1 |

| 8 | − | | = | 3 | | 4 |
| 9 | − | | = | 5 | | 5 |

| 4 | − | | = | 0 | | 3 |
| 6 | − | | = | 3 | | 4 |

| 9 | − | | = | 4 | | 5 |
| 5 | − | | = | 1 | | 4 |

2 Welche Karte passt?

3	+	4	=	7		1
6	+		=	9		4
4	+		=	6		3
						2

4	+		=	7		4
1	+		=	3		2
4	+		=	8		5
						3

4	+		=	9		3
6	+		=	7		5
7	+		=	9		2
						1

> Eine Karte bleibt übrig.

8	−		=	2		2
9	−		=	6		5
4	−		=	2		3
						6

3	−		=	0		3
6	−		=	4		4
10	−		=	6		2
						5

7	−		=	5		6
6	−		=	1		4
8	−		=	4		2
						5

3 Trage die passende Zahl ein.

| | + | 3 | = | 6 |
| | + | 2 | = | 3 |

| | + | 4 | = | 8 |
| | + | 5 | = | 9 |

| | + | 1 | = | 7 |
| | + | 3 | = | 8 |

| | − | 3 | = | 1 |
| | − | 2 | = | 4 |

| | − | 5 | = | 4 |
| | − | 1 | = | 6 |

| | − | 5 | = | 2 |
| | − | 3 | = | 5 |

1 Schreibe die fehlende Zahl.

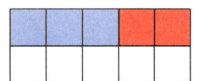         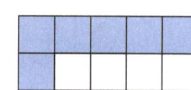

3 + ___ = 5   6 + ___ = 10   5 + ___ = 9   6 + ___ = 8

2 Schreibe die fehlende Zahl.

6 + ___ = 9   2 + ___ = 7   6 + ___ = 10   1 + ___ = 5

7 + ___ = 8   3 + ___ = 8   3 + ___ = 10   5 + ___ = 8

5 + ___ = 9   4 + ___ = 6   4 + ___ = 9   7 + ___ = 7

3 Schreibe die fehlende Zahl.

___ + 6 = 8   ___ + 4 = 7   ___ + 9 = 10   ___ + 1 = 6

___ + 2 = 6   ___ + 5 = 7   ___ + 3 = 9   ___ + 7 = 9

 4 Schreibe die fehlende Zahl.

8 − ___ = 3   6 − ___ = 3   9 − ___ = 4   10 − ___ = 5

5 Schreibe die fehlende Zahl.

7 − ___ = 4   6 − ___ = 1   7 − ___ = 6   8 − ___ = 7

8 − ___ = 2   9 − ___ = 3   5 − ___ = 5   9 − ___ = 7

10 − ___ = 6   5 − ___ = 0   10 − ___ = 8   6 − ___ = 3

6 Schreibe die fehlende Zahl.

___ − 4 = 3   ___ − 5 = 1   ___ − 1 = 9   ___ − 3 = 8

___ − 3 = 2   ___ − 2 = 7   ___ − 5 = 0   ___ − 4 = 6

1 Minusaufgaben lösen

9 – 6 = _____   5 – 2 = _____   9 – 5 = _____   7 – 2 = _____

7 – 3 = _____   8 – 6 = _____   5 – 3 = _____   5 – 4 = _____

8 – 5 = _____   4 – 4 = _____   6 – 0 = _____   10 – 8 = _____

6 – 4 = _____   6 – 2 = _____   8 – 4 = _____   10 – 3 = _____

2 Zu Bildern passende Aufgaben notieren

_____   _____   _____

3 Umkehraufgaben bilden und lösen

7 – 3 = _____   8 – 5 = _____   8 – 6 = _____

___ + ___ = _____   ___ + ___ = _____   ___ + ___ = _____

10 – 4 = _____   6 – 3 = _____   6 – 2 = _____

___ + ___ = _____   ___ + ___ = _____   ___ + ___ = _____

4 Platzhalteraufgaben lösen

3 + ___ = 9   6 + ___ = 10   7 – ___ = 5   10 – ___ = 5

2 + ___ = 7   7 + ___ = 10   9 – ___ = 2   10 – ___ = 1

4 + ___ = 8   9 + ___ = 10   5 – ___ = 4   10 – ___ = 4

1 + ___ = 4   5 + ___ = 10   8 – ___ = 6   10 – ___ = 7

1 Spure nach. Dreieck Viereck Kreis

2 Spure nach. Dreieck Viereck Kreis

3 Spure nach. Dreieck Viereck Kreis

1 Lege aus.

 2 Lege aus und zeichne ein.

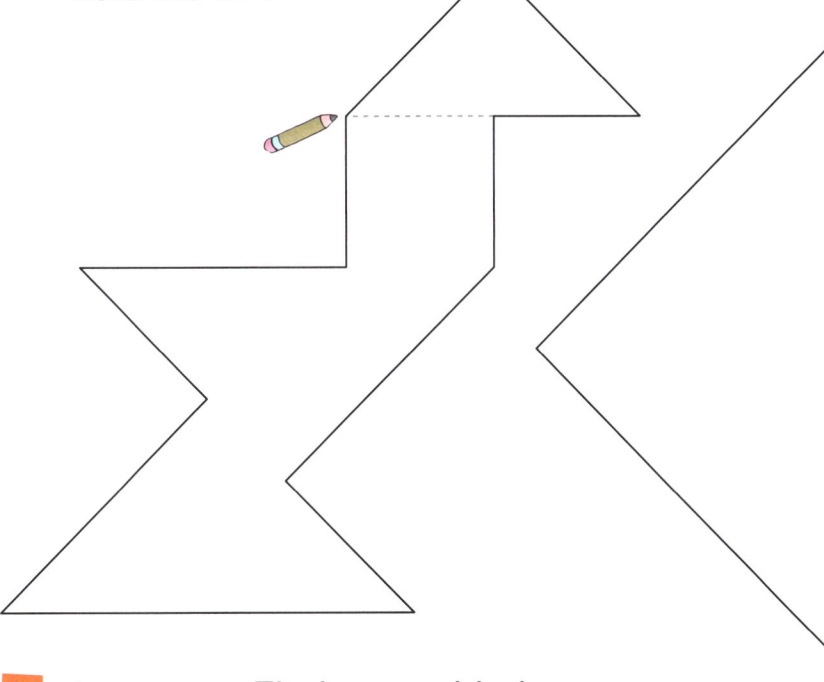

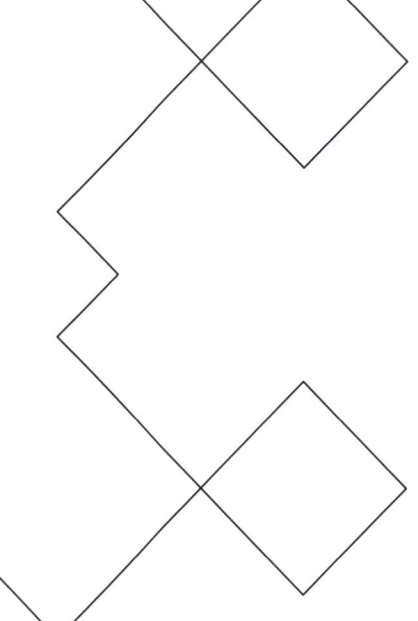

 3 Lege aus. Finde verschiedene Möglichkeiten. Trage ein.

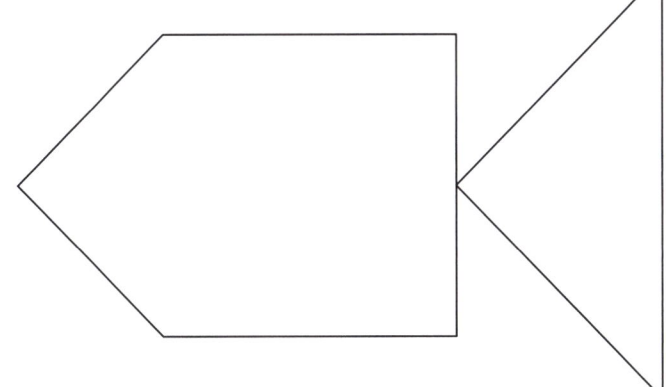

	△	△	□	▭
1.				
2.				
3.				
4.				

1 Setze das Muster fort.

2 Setze das Muster fort.

3 Setze das Muster fort.

4 Male mit zwei Farben.

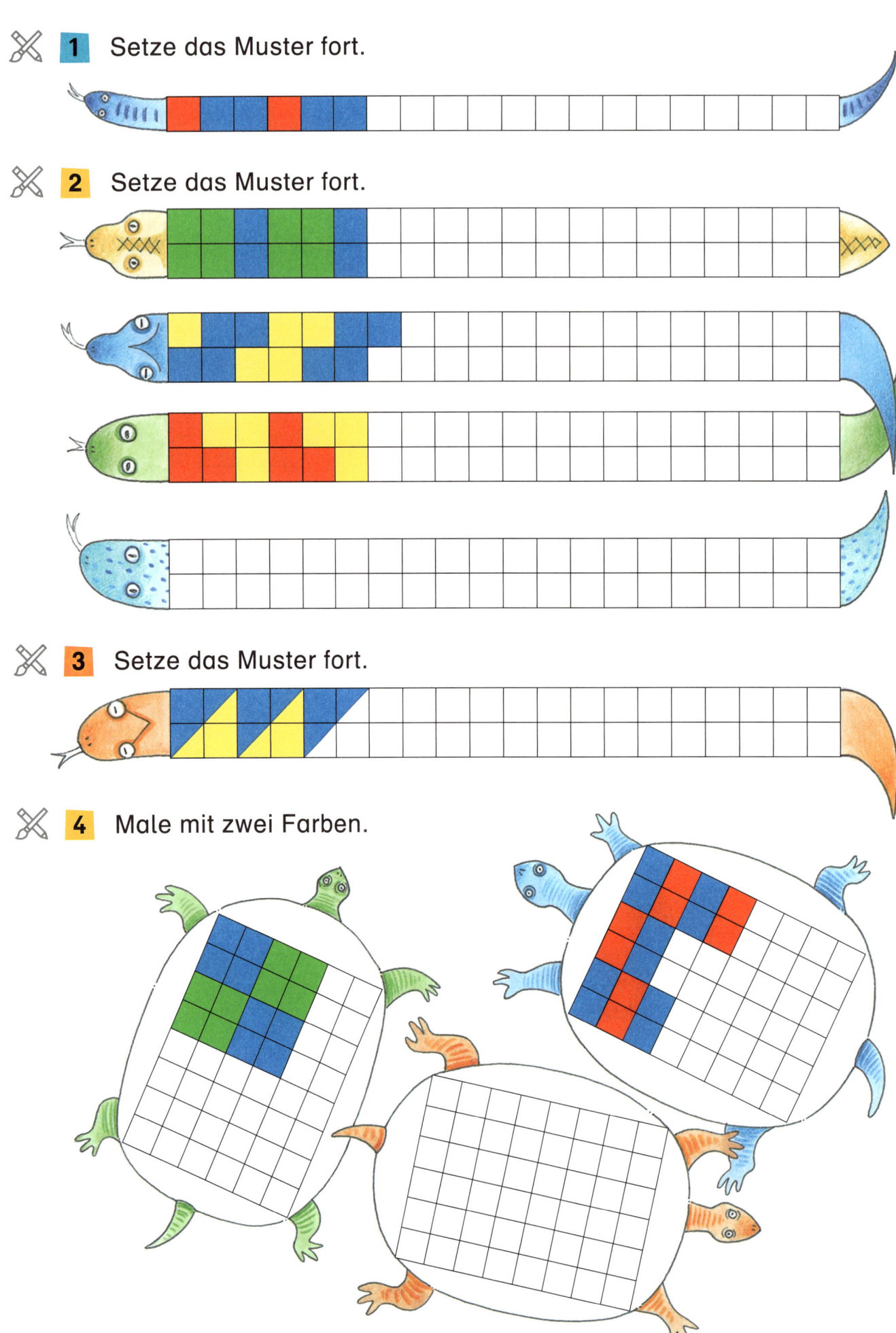

1 Lege oder zeige mit deinen Fingern und rechne.

6 + 3 = ____   7 + 2 = ____   4 + 3 = ____   3 + 5 = ____

5 + 2 = ____   8 + 1 = ____   3 + 2 = ____   2 + 4 = ____

 2 Rechne.

4 + 6 = _10_   5 + 5 = ____   5 + 3 = ____

6 + 2 = ____   1 + 9 = ____   2 + 8 = ____

5 + 4 = ____   2 + 7 = ____   9 + 0 = ____

4 + 5 = ____   7 + 3 = ____   3 + 3 = ____

3 + 6 = ____   8 + 1 = ____   2 + 5 = ____

Markiere die Partneraufgaben.

____ + ____ = 10

 3 Lege oder zeige mit deinen Fingern und rechne.

10 − 3 = ____   10 − 8 = ____   7 − 1 = ____   9 − 5 = ____

10 − 2 = ____   10 − 7 = ____   8 − 5 = ____   8 − 2 = ____

10 − 4 = ____   10 − 6 = ____   6 − 0 = ____   9 − 3 = ____

4 Rechne.

9 − 4 = ____   7 − 4 = ____   8 − 5 = ____   9 − 7 = ____

6 − 2 = ____   9 − 3 = ____   6 − 3 = ____   8 − 8 = ____

8 − 1 = ____   8 − 4 = ____   7 − 2 = ____   5 − 2 = ____

7 − 3 = ____   4 − 1 = ____   9 − 6 = ____   6 − 4 = ____

5 Rechne. Achte auf das Rechenzeichen.

3 + 6 = ____   4 − 4 = ____   3 + ____ = 9   ____ + 6 = 10

7 − 4 = ____   7 + 1 = ____   5 + ____ = 7   ____ − 9 = 0

9 − 5 = ____   8 − 5 = ____   6 − ____ = 3   ____ + 4 = 9

4 + 4 = ____   4 + 3 = ____   7 − ____ = 1   ____ − 5 = 2

1 Lege und male an.

13    16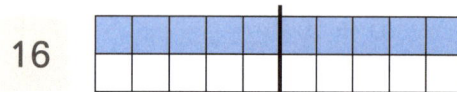

11   20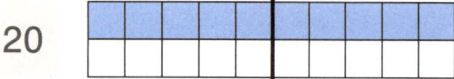

15   17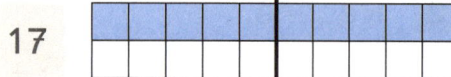

19  14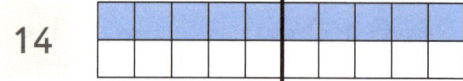

18 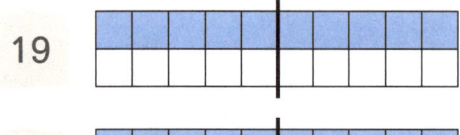 12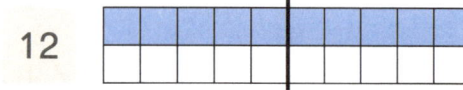

2 Schreibe die Zahlen. Male an.

11

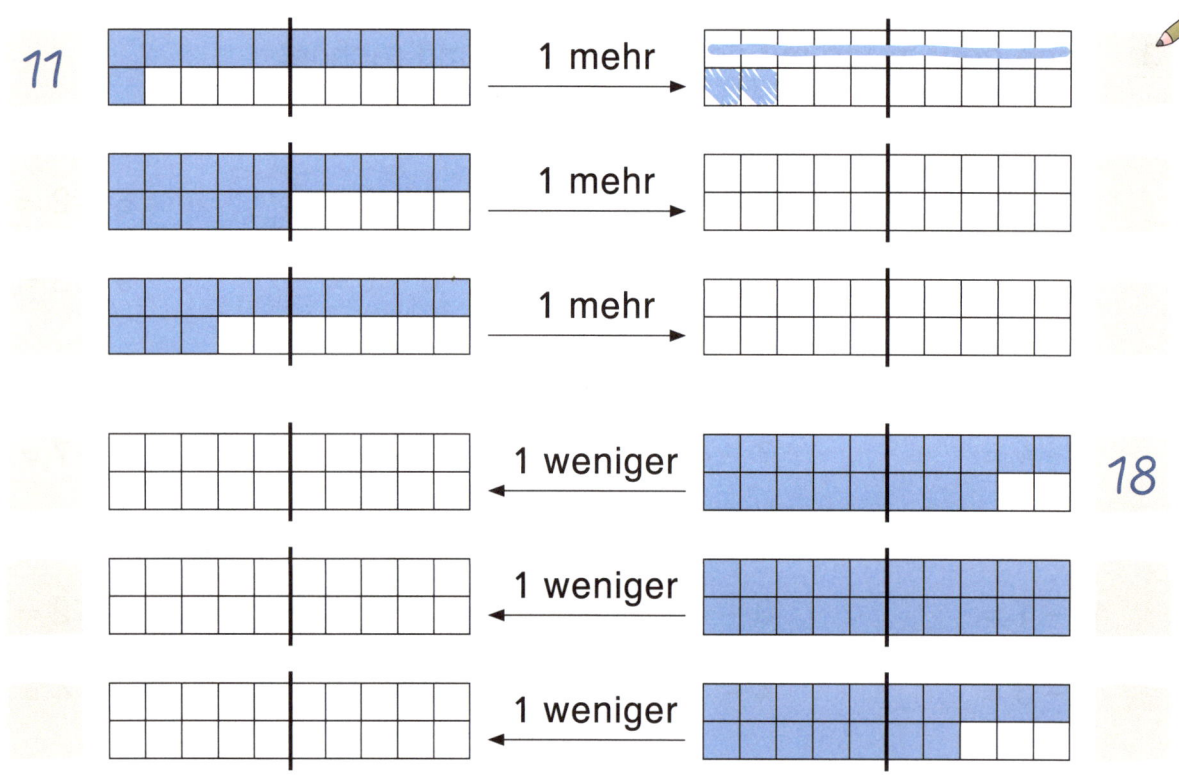

18

3 Wie viele sind es?

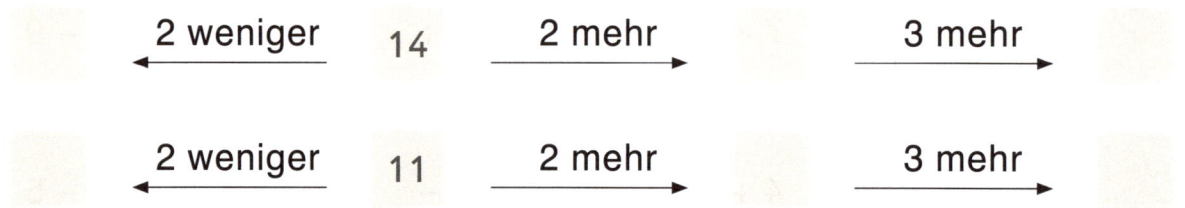

2 weniger   14   2 mehr   3 mehr

2 weniger   11   2 mehr   3 mehr

4 Lege mit den Zahlenkarten und schreibe.

1 0	1	→	1 7		1 0	4	→	☐☐
1 0	5	→	☐☐		1 0	9	→	☐☐
1 0	3	→	☐☐		1 0	7	→	☐☐
1 0	8	→	☐☐		1 0	2	→	☐☐

5 Lege mit den Zahlenkarten und schreibe.

1 0	7	$10 + 7 = 17$	1 0	8	___ + __ = ___
1 0	4	___ + __ = ___	1 0	1	___ + __ = ___
1 0	6	___ + __ = ___	1 0	2	___ + __ = ___
1 0	5	___ + __ = ___	1 0	9	___ + __ = ___

6 Zerlege in Zehner | 1 0 | und Einer | 8 |.

1 8	$18 = 10 + 8$	1 9	___ = ___ + __
1 2	___ = ___ + __	1 5	___ = ___ + __
1 7	___ = ___ + __	1 4	___ = ___ + __
1 3	___ = ___ + __	1 6	___ = ___ + __

7 Rechne.

16 = 10 + ___	10 + ___ = 14	18 − 10 = ___
17 = 10 + ___	10 + ___ = 15	13 − ___ = 10
18 = 10 + ___	10 + ___ = 16	11 − ___ = 1
19 = 10 + ___	10 + ___ = 17	14 − 4 = ___
20 = 10 + ___	10 + ___ = 18	20 − ___ = 10

1 Wie heißt die Nachbarzahl?

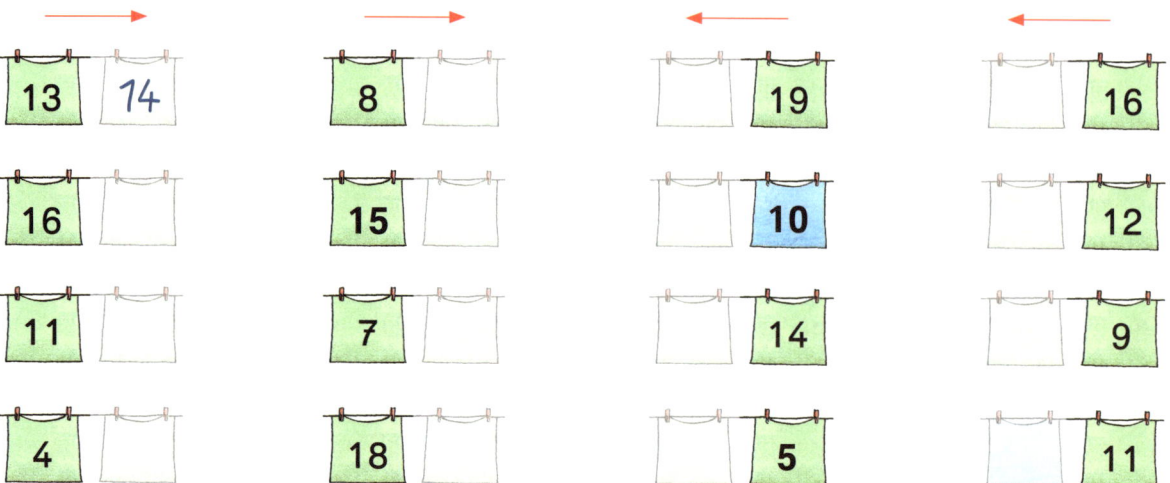

13 | 14
8 |
| 19
| 16

16 |
15 |
| 10
| 12

11 |
7 |
| 14
| 9

4 |
18 |
| 5
| 11

2 Wie heißen die Nachbarzahlen?

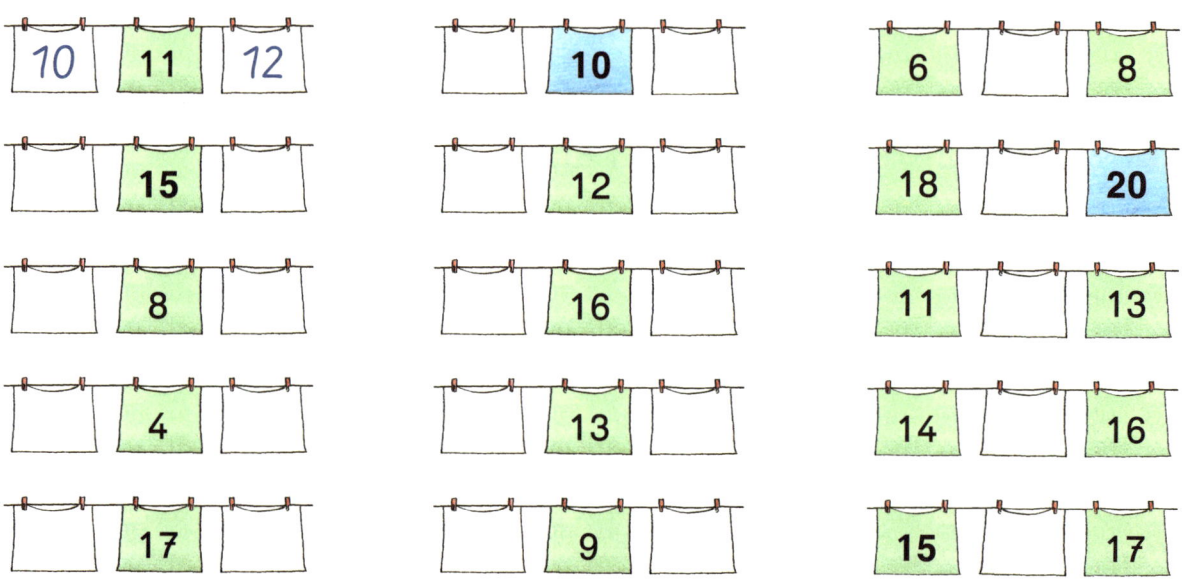

10 | 11 | 12
| 10 |
6 | | 8

| 15 |
| 12 |
18 | | 20

| 8 |
| 16 |
11 | | 13

| 4 |
| 13 |
14 | | 16

| 17 |
| 9 |
15 | | 17

3 Immer 2 weniger, immer 2 mehr.

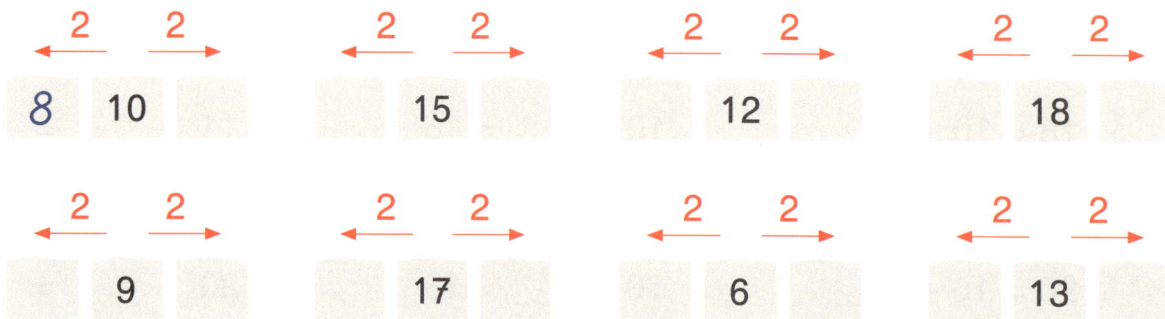

8   10
15
12
18

9
17
6
13

1	2	3	4	5	6	7	8	9	10	11	12	13	14	15	16	17	18	19	20

1 Wie geht es weiter?

4	5	6							14

10	11	12							20

19	18	17				12			

11	10	9				4			

2 Wie geht es weiter?

4		6		8										18

5		7		9										19

18		16		14						8			

17		15		13						7			

3 Wie geht es weiter?

3	6				21

1	2	4	7	11		22

20	17	14			5

21	17	13			1

18	17	15	12		3

1 Vergleiche: $>$, $<$, $=$

1 ◯ 4	6 ◯ 8	8 ◯ 10	7 ◯ 10
11 ◯ 14	17 ◯ 17	1 ◯ 11	6 ◯ 16
13 ◯ 8	18 ◯ 19	14 ◯ 17	11 ◯ 10
16 ◯ 11	12 ◯ 11	15 ◯ 18	14 ◯ 14
19 ◯ 13	10 ◯ 0	9 ◯ 9	19 ◯ 14

2 Was stimmt?

☐ 9 **ist kleiner als** 7. ☐ 5 **ist kleiner als** 8.

☐ 8 **ist größer als** 6. ☐ 16 **ist gleich** 18.

☐ 15 **ist kleiner als** 18. ☐ 15 **ist größer als** 13.

3 Finde eine passende Zahl.

5 < ____	14 > ____	15 < ____	8 = ____
8 < ____	17 > ____	18 < ____	19 < ____
12 < ____	20 > ____	7 > ____	9 < ____
16 < ____	13 > ____	12 > ____	18 > ____
1 < ____	11 > ____	20 = ____	4 > ____

4 Welche Zahlen passen? Finde alle Möglichkeiten.

Ich denke mir eine Zahl. Meine Zahl ist kleiner als 11 und größer als 7.

Ich denke mir eine Zahl. Meine Zahl ist größer als 10 und kleiner als 15.

_____ _____

5 Wähle passende Zahlen und vergleiche.

Du kannst die Zahlen mehrmals verwenden.

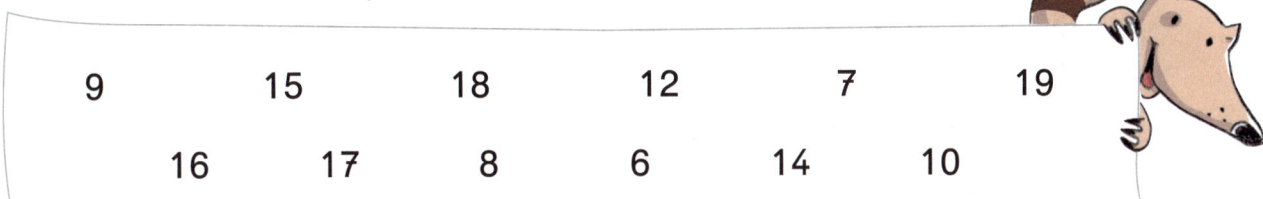

9	15	18	12	7	19
16	17	8	6	14	10

___ < ___   ___ ◯ ___   ___ ◯ ___

___ < ___   ___ ◯ ___   ___ ◯ ___

___ > ___   ___ ◯ ___   ___ ◯ ___

___ > ___   ___ ◯ ___   ___ ◯ ___

___ = ___   ___ ◯ ___   ___ ◯ ___

6 Trage die Zahlen passend ein.

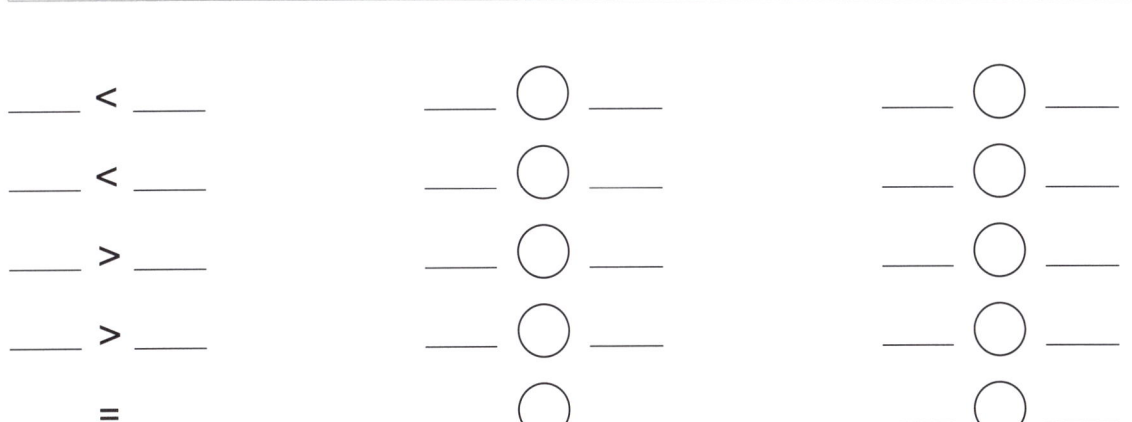

~~16~~ ~~8~~ ~~8~~ $\underline{8}$ = $\underline{8}$ 15   6   9   ___ = ___

0   ~~5~~   7 $\underline{16}$ > $\underline{5}$ 13   14   15   ___ > ___

                   ___ < ___   ___ < ___

11   17   11   ___ = ___   7   11   10   ___ = ___

16   19   18   ___ > ___   10   12   6   ___ > ___

                   ___ < ___   ___ < ___

18   2   9   ___ = ___   2   17   4   ___ = ___

13   18   19   ___ > ___   4   5   15   ___ > ___

                   ___ < ___   ___ < ___

1 Male die Perlen an.

rot: 5. 10.

gelb: 1. 2. 6. 7.

blau: 3. 4. 8. 9.

2 Schreibe auf, an welcher Stelle sich die Perlen befinden.

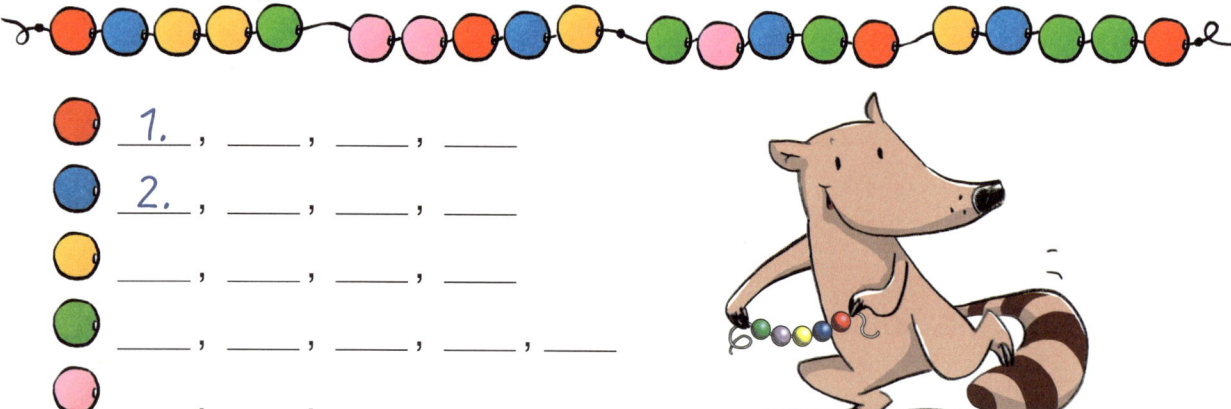

🔴 _1._ , _____ , _____ , _____

🔵 _2._ , _____ , _____ , _____

🟡 _____ , _____ , _____ , _____

🟢 _____ , _____ , _____ , _____ , _____

🩷 _____ , _____ , _____

3 Schreibe auf, wer an welcher Stelle steht.

Ali ist der Erste. **Jana** ist die Vierte.
Jette steht zwischen Ali und **Justus**.

_____ _____ _____ _____
　　　1.　　　　　　　　2.　　　　　　　　3.　　　　　　　　4.

4 Schreibe auf, wer an welcher Stelle steht.

Justus steht hinter Tobi und vor Jana. Ali steht hinter Jette.
Jana steht vor Jette. Ali ist der Fünfte.

_____ _____ _____ _____ _____
　　1.　　　　　　2.　　　　　　3.　　　　　　4.　　　　　　5.

44

1 Geometrische Formen erkennen

Dreieck
Viereck
Kreis

 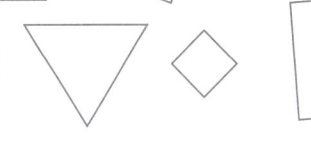

2 Muster fortsetzen

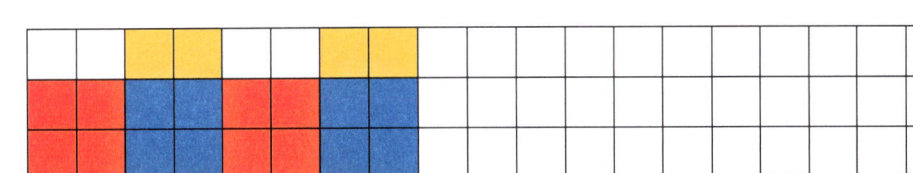

3 Zahlen darstellen

12   15   18

4 Nachbarzahlen benennen

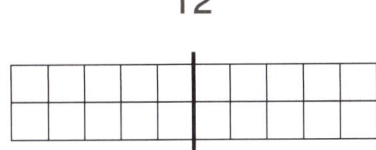   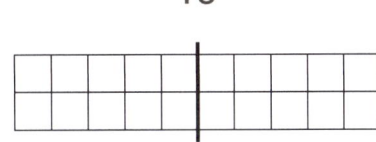   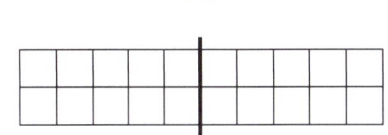

14   12   13   15
19   16   14   16

5 Zahlenfolgen fortsetzen

14, 15, 16, ____ , ____ , ____ , 20   8, 10, 12, ____ , ____ , ____ , 20

17, 16, 15, ____ , ____ , ____ , 11   14, 12, 10, ____ , ____ , ____ , 2

6 Zahlen mit ⟩, ⟨, = vergleichen

13 ◯ 15   11 ◯ 11   18 ◯ 20   15 ◯ 17

12 ◯ 20   17 ◯ 16   15 ◯ 15   19 ◯ 16

1 Schreibe die verwandte Aufgabe und rechne.

$\underline{2} + \underline{4} = \underline{6}$

$12 + 4 = \underline{}$

___ + ___ = ___

$15 + 2 = \underline{}$

___ + ___ = ___

$14 + 3 = \underline{}$

___ + ___ = ___

$15 + 3 = \underline{}$

2 Schreibe die verwandte Aufgabe und rechne.

$\underline{2} + \underline{6} = \underline{}$

$12 + 6 = \underline{}$

___ + ___ = ___

$13 + 6 = \underline{}$

___ + ___ = ___

$12 + 7 = \underline{}$

___ + ___ = ___

$19 + 1 = \underline{}$

___ + ___ = ___

$14 + 5 = \underline{}$

___ + ___ = ___

$11 + 8 = \underline{}$

___ + ___ = ___

$11 + 4 = \underline{}$

___ + ___ = ___

$15 + 4 = \underline{}$

___ + ___ = ___

$14 + 2 = \underline{}$

___ + ___ = ___

$13 + 5 = \underline{}$

___ + ___ = ___

$18 + 0 = \underline{}$

___ + ___ = ___

$17 + 1 = \underline{}$

3 Welche Zahl fehlt?

$18 + \underline{} = 19$

$\underline{} + 4 = 14$

$5 + \underline{} = 18$

$14 + \underline{} = 16$

$\underline{} + 3 = 20$

$2 + \underline{} = 17$

$12 + \underline{} = 17$

$\underline{} + 8 = 19$

$6 + \underline{} = 19$

$11 + \underline{} = 18$

$\underline{} + 5 = 20$

$3 + \underline{} = 14$

Die verwandte Aufgabe hilft.

4 Schreibe die verwandte Aufgabe und rechne.

 $7 - 3 = 4$

$17 - 3 = \underline{}$

 $\underline{} - \underline{} = \underline{}$

$18 - 4 = \underline{}$

$\underline{} - \underline{} = \underline{}$

$19 - 3 = \underline{}$

$\underline{} - \underline{} = \underline{}$

$15 - 2 = \underline{}$

5 Schreibe die verwandte Aufgabe und rechne.

$\underline{} - \underline{} = \underline{}$

$16 - 3 = \underline{}$

$\underline{} - \underline{} = \underline{}$

$15 - 4 = \underline{}$

$\underline{} - \underline{} = \underline{}$

$18 - 7 = \underline{}$

$\underline{} - \underline{} = \underline{}$

$19 - 5 = \underline{}$

$\underline{} - \underline{} = \underline{}$

$17 - 5 = \underline{}$

$\underline{} - \underline{} = \underline{}$

$19 - 6 = \underline{}$

$\underline{} - \underline{} = \underline{}$

$12 - 2 = \underline{}$

$\underline{} - \underline{} = \underline{}$

$17 - 4 = \underline{}$

$\underline{} - \underline{} = \underline{}$

$18 - 6 = \underline{}$

$\underline{} - \underline{} = \underline{}$

$18 - 5 = \underline{}$

$\underline{} - \underline{} = \underline{}$

$14 - 3 = \underline{}$

$\underline{} - \underline{} = \underline{}$

$16 - 4 = \underline{}$

6 Welche Zahl fehlt?

$19 - \underline{} = 12$

$18 - \underline{} = 8$

$\underline{} - 4 = 14$

$14 - \underline{} = 10$

$15 - \underline{} = 11$

$\underline{} - 3 = 12$

$17 - \underline{} = 11$

$16 - \underline{} = 14$

$\underline{} - 8 = 10$

$16 - \underline{} = 13$

$17 - \underline{} = 13$

$\underline{} - 2 = 18$

1 Verdopple. Male an und rechne.

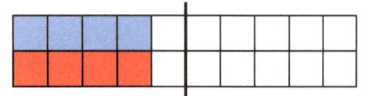   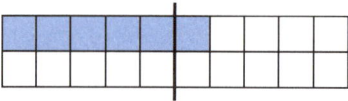   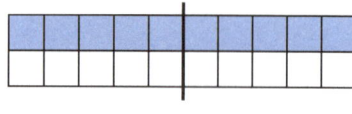

4 + 4 = ____   6 + 6 = ____   10 + 10 = ____

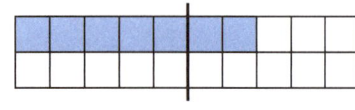   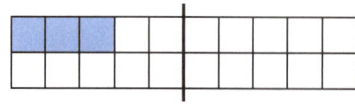

7 + 7 = ____   3 + 3 = ____   8 + 8 = ____

2 Verdopple.

die Zahl	4	7	10	5	3	1	6	9	2	8
das Doppelte										

3 Schreibe die Verdopplungsaufgabe.

___ + ___ = 16   ___ + ___ = 8   ___ + ___ = 14   ____ + ____ = 20

___ + ___ = 12   ___ + ___ = 18   ___ + ___ = 10   ____ + ____ = 6

4 Welche Zahl ist es?

Ich denke mir eine Zahl. Das Doppelte der Zahl ist 12.

Ich denke mir eine Zahl. Das Doppelte der Zahl ist 18.

_____

_____

Ich denke mir eine Zahl. Ich verdopple sie und rechne plus 3. Das Ergebnis ist 17.

Ich denke mir eine Zahl. Ich verdopple sie und rechne minus 4. Das Ergebnis ist 2.

_____

_____

1 Rechne die Verdopplungsaufgaben.

5 + 5 = ____   6 + 6 = ____   7 + 7 = ____

4 + 4 = ____   8 + 8 = ____   9 + 9 = ____

3 + 3 = ____   2 + 2 = ____   10 + 10 = ____

2 Nutze die Verdopplungsaufgabe.

7 + 8 = ____   7 + 8 = ____

7 + 7 + 1 = ____   8 + 8 − 1 = ____

6 + 7 = ____   6 + 7 = ____

6 + 6 + 1 = ____   7 + 7 − 1 = ____

8 + 9 = ____   8 + 9 = ____

8 + 8 + 1 = ____   9 + 9 − 1 = ____

1 Aufgabe –
2 Rechenwege!

3 Nutze die Verdopplungsaufgabe.

7 + 6 = ____   9 + 8 = ____

7 + 7 − 1 = _____   _____

8 + 7 = ____   5 + 6 = ____

_____   _____

4 Welche Verdopplungsaufgabe wurde genutzt?

____ + ____ + 1 = 17   ____ + ____ − 1 = 17

____ + ____ + 1 = 19   ____ + ____ − 1 = 15

____ + ____ + 1 = 13   ____ + ____ − 1 = 9

Verdoppeln

49

1 Rechne.

10 + 5 = ____   10 + 3 = ____   8 + 10 = ____   4 + 10 = ____

10 + 7 = ____   10 + 6 = ____   2 + 10 = ____   9 + 10 = ____

2 Ergänze.

10 + _8_ = 18   ____ + 3 = 13   4 + ____ = 14   ____ + 10 = 19

10 + ___ = 15   ____ + 7 = 17   6 + ____ = 16   ____ + 10 = 12

3 Nutze die Aufgabe mit der 10.

9 + 5 = ____   6 + 9 = ____

10 + 5 – 1 = ____   6 + 10 – 1 = ____

9 + 8 = ____   3 + 9 = ____

10 + 8 – 1 = ____   3 + 10 – 1 = ____

9 + 6 = ____   7 + 9 = ____

10 + 6 – 1 = ____   7 + 10 – 1 = ____

6 + 9   6 + 10

9 + 5

10 + 5

4 Nutze die Aufgabe mit der 10.

9 + 4 = ____   2 + 9 = ____

10 + 4 – 1 = _____   _____

9 + 7 = ____   5 + 9 = ____

_____   _____

9 + 3 = ____   8 + 9 = ____

_____   _____

1 Rechne mit der **Partneraufgabe**.

7 + 4 = ____
7 + 3 + 1 = ____

5 + 8 = ____
5 + 5 + 3 = ____

8 + 4 = ____
8 + 2 + 2 = ____

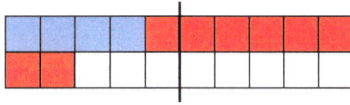　　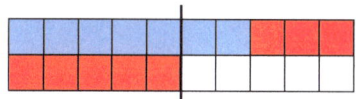

6 + 5 = ____
6 + 4 + ___ = ____

9 + 2 = ____
9 + 1 + ___ = ____

8 + 8 = ____
8 + 2 + ___ = ____

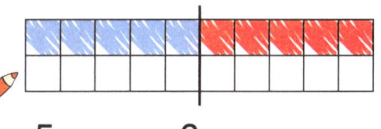　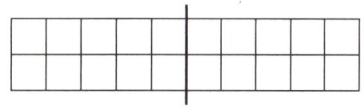　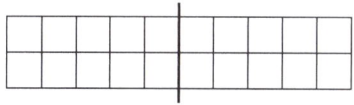

4 + 8 = ____
4 + ___ + ___ = ____

5 + 7 = ____
5 + ___ + ___ = ____

7 + 8 = ____
7 + ___ + ___ = ____

2 Male an und rechne mit der **Partneraufgabe**.

5 + 6 = ____
5 + 5 + ___ = ____

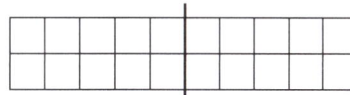

6 + 9 = ____
___ + ___ + ___ = ____

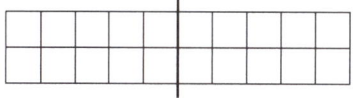

7 + 7 = ____
___ + ___ + ___ = ____

8 + 3 = ____
___ + ___ + ___ = ____

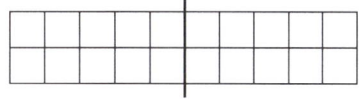

9 + 4 = ____
___ + ___ + ___ = ____

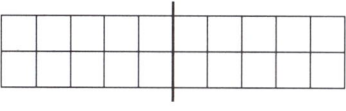

8 + 6 = ____
___ + ___ + ___ = ____

6 + 7 = ____
___ + ___ + ___ = ____

4 + 7 = ____
___ + ___ + ___ = ____

9 + 3 = ____
___ + ___ + ___ = ____

1 Rechne mit der **Partneraufgabe**.

8 + 4 = ___   6 + 8 = ___   7 + 5 = ___
___ + ___ + ___ = ___   ___ + ___ + ___ = ___   ___ + ___ + ___ = ___

8 + 5 = ___   7 + 6 = ___   9 + 7 = ___
___ + ___ + ___ = ___   ___ + ___ + ___ = ___   ___ + ___ + ___ = ___

3 + 8 = ___   8 + 7 = ___   6 + 5 = ___
___ + ___ + ___ = ___   ___ + ___ + ___ = ___   ___ + ___ + ___ = ___

2 Welche Zahl ist es?

Ich denke mir eine Zahl. Ich rechne plus 8 und erhalte 12.

_____

Ich denke mir eine Zahl. Ich rechne plus 4 und erhalte 13.

_____

Ich denke mir eine Zahl. Ich rechne plus 9 und erhalte 16.

_____

Ich denke mir eine Zahl. Ich rechne plus 5 und erhalte 12.

_____

Ich denke mir eine Zahl. Ich rechne plus 7 und erhalte 15.

_____

Ich denke mir eine Zahl. Ich rechne plus 9 und erhalte 18.

_____

1 Rechne.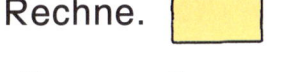

8 + 5 = ___   7 + 9 = ___   6 + 8 = ___

<u>8</u> + <u>2</u> + <u>3</u> = ___   ___ + ___ + ___ = ___   ___ + ___ + ___ = ___

9 + 4 = ___   5 + 6 = ___   7 + 5 = ___

___ + ___ + ___ = ___   ___ + ___ + ___ = ___   ___ + ___ + ___ = ___

2 + 9 = ___   4 + 8 = ___   9 + 6 = ___

___ + ___ + ___ = ___   ___ + ___ + ___ = ___   ___ + ___ + ___ = ___

2 Rechne.

7 + 6 = ___   6 + 7 = ___

<u>7</u> + <u>7</u> (−1) = ___   ___ + ___ (___) = ___

9 + 8 = ___   6 + 5 = ___

___ + ___ (___) = ___   ___ + ___ (___) = ___

8 + 9 = ___   7 + 8 = ___

___ + ___ (___) = ___   ___ + ___ (___) = ___

3 Rechne.

4 + 9 = ___   8 + 9 = ___   7 + 9 = ___

___ + 10 − ___ = ___   ___ + 10 − ___ = ___   ___ + 10 − ___ = ___

9 + 5 = ___   9 + 6 = ___   9 + 3 = ___

10 + ___ − ___ = ___   10 + ___ − ___ = ___   10 + ___ − ___ = ___

1 Welcher Rechenweg wurde gewählt? Male an und rechne.

6 + 9 = ___   7 + 5 = ___   8 + 6 = ___

🗋 6 + 10 – 1 = ___   🗋 7 + 3 + 2 = ___   🗋 8 + 2 + 4 = ___

7 + 8 = ___   3 + 9 = ___   6 + 9 = ___

🗋 8 + 8 – 1 = ___   🗋 3 + 10 – 1 = ___   🗋 6 + 4 + 5 = ___

2 Welchen Rechenweg nutzt du? Rechne.

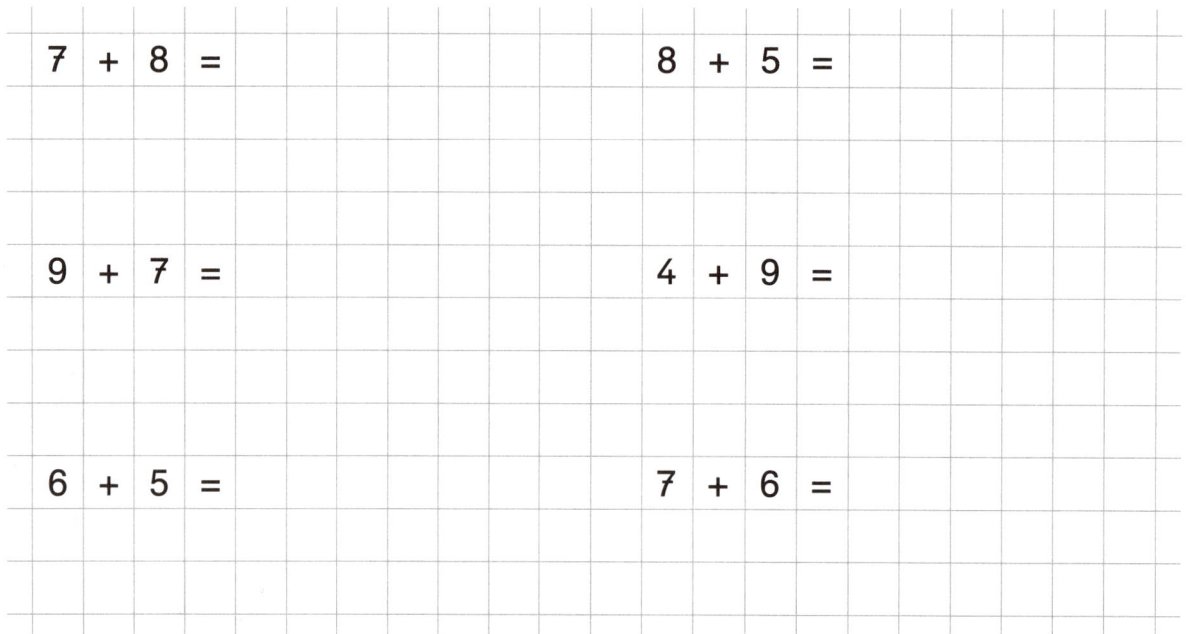

7 + 8 =   8 + 5 =

9 + 7 =   4 + 9 =

6 + 5 =   7 + 6 =

3 Schau den Rechenweg an. Wie heißt die Aufgabe?

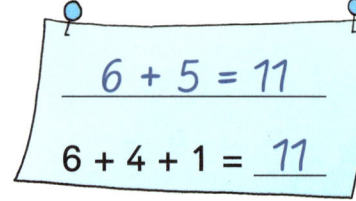

6 + 5 = 11
6 + 4 + 1 = 11

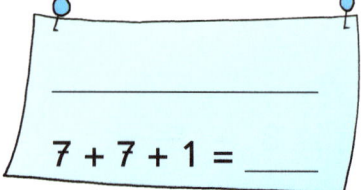

_____
7 + 7 + 1 = ___

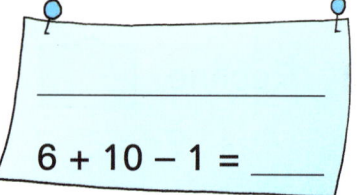

_____
6 + 10 – 1 = ___

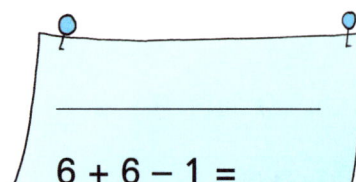

_____
6 + 6 – 1 = ___

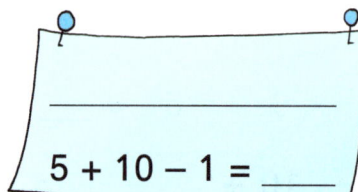

_____
5 + 10 – 1 = ___

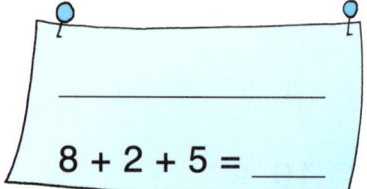

_____
8 + 2 + 5 = ___

1 Mit der verwandten Aufgabe rechnen

___ + ___ = ____   ___ + ___ = ____   ___ + ___ = ____

14 + 3 = ____   12 + 7 = ____   15 + 4 = ____

___ − ___ = ____   ___ − ___ = ____   ___ − ___ = ____

16 − 3 = ____   17 − 2 = ____   18 − 4 = ____

2 Verdoppeln

die Zahl	3	4	2	5	6	9	7	8
das Doppelte								

3 Plusaufgaben im Kopf lösen

3 + 7 = ____   8 + ___ = 10   10 + 4 = ____   5 + 10 = ____

5 + 5 = ____   1 + ___ = 10   10 + 9 = ____   8 + 10 = ____

4 + 6 = ____   6 + ___ = 10   10 + 6 = ____   7 + 10 = ____

2 + 8 = ____   7 + ___ = 10   10 + 1 = ____   3 + 10 = ____

4 Meinen Rechenweg notieren

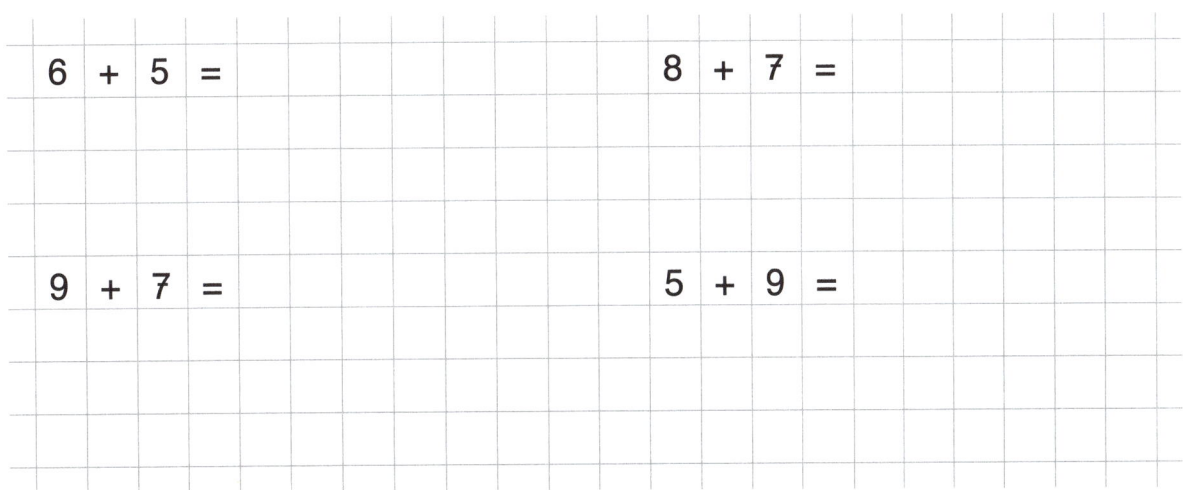

6 + 5 =   8 + 7 =

9 + 7 =   5 + 9 =

1 Übe die Zerlegungen.

  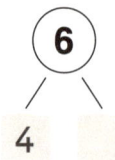 7 | 0 |  8 | 4 |  9 | 4 |

4 | 1   5 | 2   6 | 4

 3 | 2   5 | 4   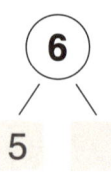 7 | 5   9 | 6   6 | 5   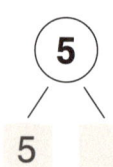 5 | 5

 9 | 2   8 | 3   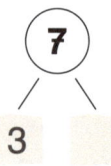 7 | 6   6 | 3   7 | 3   8 | 1

2 Rechne in Schritten.

16 – 6 – 2 = _____   13 – 3 – 6 = _____   12 – 2 – 4 = _____

14 – 4 – 5 = _____   11 – 1 – 7 = _____   15 – 5 – 3 = _____

18 – 8 – 1 = _____   17 – 7 – 2 = _____   13 – 3 – 4 = _____

12 – 2 – 6 = _____   16 – 6 – 3 = _____   11 – 1 – 5 = _____

15 – 5 – 1 = _____   14 – 4 – 2 = _____   17 – 7 – 1 = _____

3 Wie viel hast du insgesamt abgezogen?

14 – 4 – 2 = _____   16 – 6 – 3 = _____   11 – 1 – 3 = _____

14 – _____ = _____   16 – _____ = _____   11 – _____ = _____

13 – 3 – 6 = _____   12 – 2 – 5 = _____   15 – 5 – 2 = _____

13 – _____ = _____   12 – _____ = _____   15 – _____ = _____

1 Rechne bis zur 10 und dann weiter.

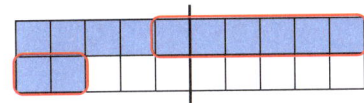

12 – 8 = ___

12 – 2 – 6 = ___

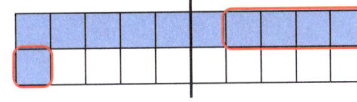

11 – 5 = ___

11 – 1 – 4 = ___

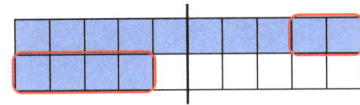

14 – 6 = ___

14 – 4 – 2 = ___

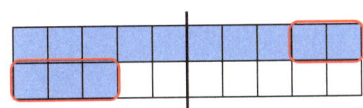

13 – 5 = ___

13 – 3 – ___ = ___

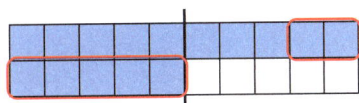

15 – 7 = ___

15 – 5 – ___ = ___

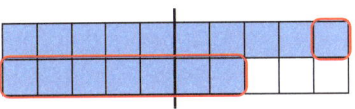

17 – 8 = ___

17 – 7 – ___ = ___

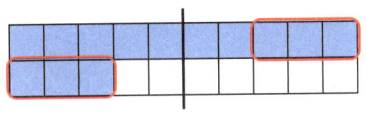

13 – 6 = ___

13 – ___ – ___ = ___

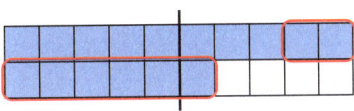

16 – 8 = ___

16 – ___ – ___ = ___

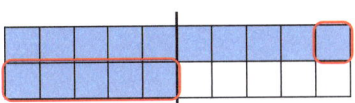

15 – 6 = ___

15 – ___ – ___ = ___

2 Male an, kreise ein und rechne.

15 – 7 = ___

15 – 5 – ___ = ___

12 – 5 = ___

___ – ___ – ___ = ___

11 – 6 = ___

___ – ___ – ___ = ___

14 – 5 = ___

___ – ___ – ___ = ___

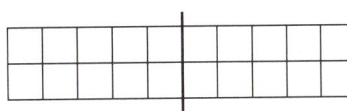

13 – 6 = ___

___ – ___ – ___ = ___

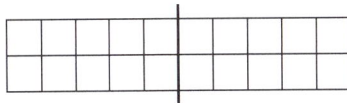

16 – 7 = ___

___ – ___ – ___ = ___

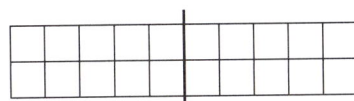

13 – 8 = ___

___ – ___ – ___ = ___

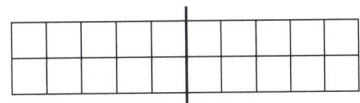

12 – 6 = ___

___ – ___ – ___ = ___

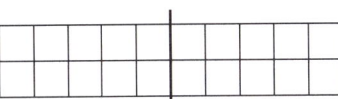

11 – 4 = ___

___ – ___ – ___ = ___

1 Rechne bis zur 10 und dann weiter.

13 − 7 = ___   17 − 9 = ___   14 − 6 = ___

___ − ___ − ___ = ___   ___ − ___ − ___ = ___   ___ − ___ − ___ = ___

14 − 7 = ___   15 − 8 = ___   11 − 7 = ___

___ − ___ − ___ = ___   ___ − ___ − ___ = ___   ___ − ___ − ___ = ___

16 − 9 = ___   14 − 5 = ___   12 − 7 = ___

___ − ___ − ___ = ___   ___ − ___ − ___ = ___   ___ − ___ − ___ = ___

2 Welche Zahl ist es?

Welche Zahl muss ich von 12 abziehen, um die Zahl 4 zu erhalten?

_____

Ich denke mir eine Zahl. Ich ziehe 9 ab und erhalte 7.

_____

Welche Zahl muss ich von 12 abziehen, um die Zahl 7 zu erhalten?

_____

Ich denke mir eine Zahl. Ich ziehe 3 ab und erhalte 8.

_____

Welche Zahl muss ich von 15 abziehen, um die Zahl 9 zu erhalten?

_____

Ich denke mir eine Zahl. Ich ziehe 6 ab und erhalte 5.

_____

1 Rechne.

$13 - 9 =$ ___ $15 - 9 =$ ___ $17 - 8 =$ ___

$13 - 10 + 1 =$ ___ $15 - 10 + 1 =$ ___ $17 - 10 + 2 =$ ___

2 Rechne.

$16 - 9 =$ ___ $14 - 9 =$ ___ $12 - 8 =$ ___

$16 - 10 + 1 =$ ____   _____   _____

$17 - 9 =$ ___ $12 - 9 =$ ___ $14 - 8 =$ ___

_____   _____   _____

$15 - 8 =$ ___ $13 - 8 =$ ___ $11 - 9 =$ ___

_____   _____   _____

3 Welche Zahl ist es?

Ich denke mir eine Zahl. Ich ziehe 8 ab und erhalte 7.

Ich denke mir eine Zahl. Ich ziehe 8 ab und erhalte 5.

_____   _____

Ich denke mir eine Zahl. Ich ziehe 9 ab und erhalte 9.

Ich denke mir eine Zahl. Ich ziehe 15 ab und erhalte 0.

_____   _____

Ergänzen

1 Rechne. 🎒

$9 - 7 =$ ___ $10 - 8 =$ ___ $10 - 7 =$ ___

$7 +$ ___ $= 9$ $8 +$ ___ $= 10$ $7 +$ ___ $= 10$

$11 - 9 =$ ___ $13 - 9 =$ ___ $12 - 8 =$ ___

$9 +$ ___ $= 11$ $9 +$ ___ $= 13$ $8 +$ ___ $= 12$

2 Rechne. 🎒

$13 - 8 = \underline{5}$ $11 - 7 =$ ___ $12 - 7 =$ ___

$\underline{8 + 5 = 13}$ _____   _____

$14 - 9 =$ ___ $14 - 8 =$ ___ $12 - 9 =$ ___

_____   _____   _____

$11 - 8 =$ ___ $15 - 9 =$ ___ $15 - 8 =$ ___

_____   _____   _____

3 Welche Zahl fehlt?

$12 -$ ___ $= 5$ $14 -$ ___ $= 4$

$11 -$ ___ $= 9$ $18 -$ ___ $= 9$ $5 +$ ___ $= 12$

$15 -$ ___ $= 0$ $17 -$ ___ $= 8$

$19 -$ ___ $= 8$ $16 -$ ___ $= 5$

$13 -$ ___ $= 5$ $20 -$ ___ $= 17$

1 Rechne.

12 − 4 = ___   14 − 8 = ___   16 − 7 = ___

_12_ − _2_ − _2_ = ___   ___ − ___ − ___ = ___   ___ − ___ − ___ = ___

13 − 5 = ___   15 − 7 = ___   12 − 5 = ___

___ − ___ − ___ = ___   ___ − ___ − ___ = ___   ___ − ___ − ___ = ___

17 − 8 = ___   13 − 6 = ___   14 − 6 = ___

___ − ___ − ___ = ___   ___ − ___ − ___ = ___   ___ − ___ − ___ = ___

2 Rechne.

14 − 9 = ___   16 − 9 = ___   15 − 9 = ___

_14 − 10 + 1 =_ _____   _____   _____

13 − 9 = ___   17 − 9 = ___   12 − 8 = ___

_____   _____   _____

17 − 8 = ___   12 − 9 = ___   15 − 8 = ___

_____   _____   _____

3 Rechne.

11 − 9 = ___   12 − 8 = ___   11 − 7 = ___   13 − 9 = ___

_9 + 2 = 11_   _____   _____   _____

12 − 7 = ___   16 − 9 = ___   14 − 8 = ___   11 − 6 = ___

_____   _____   _____   _____

1 Welcher Rechenweg wurde gewählt? Male an und rechne.

12 − 3 = ___   15 − 9 = ___   11 − 6 = ___

⬜ 12 − 2 − 1 = ___   ⬜ 15 − 10 + 1 = ___   ⬜ 11 − 1 − 5 = ___

11 − 8 = ___   13 − 7 = ___   16 − 9 = ___

⬜ 8 + ___ = 11   ⬜ 13 − 3 − 4 = ___   ⬜ 16 − 10 + 1 = ___

2 Welchen Rechenweg nutzt du? Rechne.

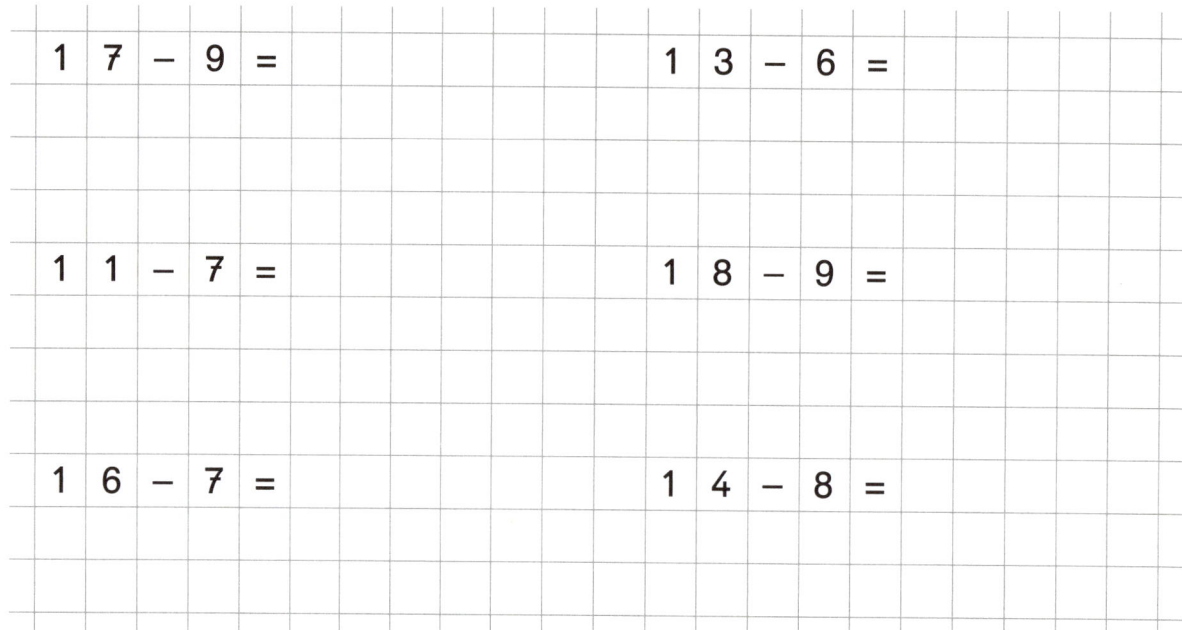

17 − 9 =   13 − 6 =

11 − 7 =   18 − 9 =

16 − 7 =   14 − 8 =

3 Schau den Rechenweg an. Wie heißt die Aufgabe?

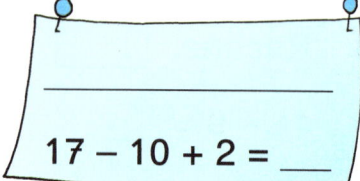

12 − 7 = 5
12 − 2 − 5 = 5

_____
15 − 10 + 1 = ___

_____
17 − 10 + 2 = ___

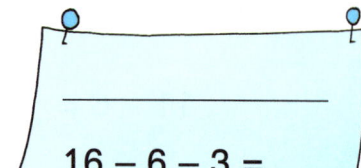

_____
16 − 6 − 3 = ___

_____
13 − 3 − 4 = ___

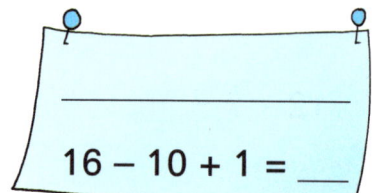

_____
16 − 10 + 1 = ___

So viele Kinder der Klasse 1a haben Haustiere:

1 Erstelle ein Schaubild.

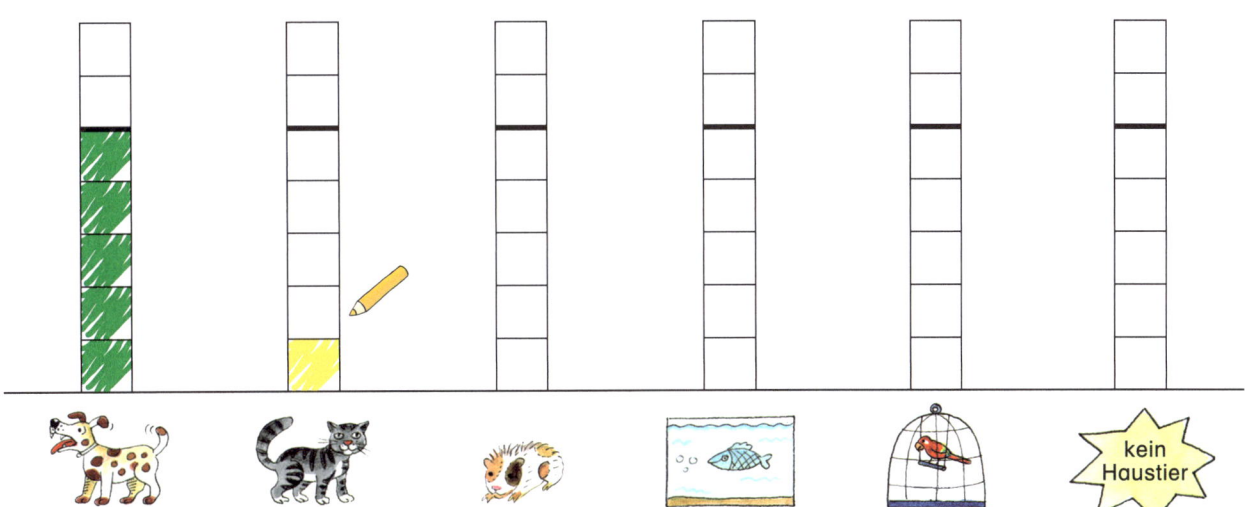

2 Richtig oder falsch? Kreuze an.

richtig falsch

☐ ☐ 6 Kinder haben eine 🐱 .

☐ ☐ 4 Kinder haben kein Haustier .

☐ ☐ Gleich viele Kinder haben ein 🐹 oder einen 🦜 .

☐ ☐ Einen 🐕 haben mehr Kinder als eine 🐱 .

3 Richtig oder falsch? Kreuze an.

richtig falsch

☐ ☐ 21 Kinder haben ein Haustier.

☐ ☐ Weniger als 10 Kinder haben einen 🐕 oder eine 🐱 .

☐ ☐ 15 Kinder haben ein Tier mit 4 Beinen.

So viele Kinder der Klasse 1b haben Haustiere:

1 Erstelle eine Strichliste.

						kein Haustier
	II					

2 Beantworte die Fragen.

Wie viele 👦 haben einen 🐕 ?   ____

Wie viele 👧 haben eine 🐈 ?   ____

Wie viele 👧 👦 haben ein 🐹 ?   ____

Wie viele 👧 👦 haben kein Haustier ?   ____

3 Beantworte die Fragen.

Wie viele 👧 haben ein Haustier?   ____

Wie viele 👦 haben ein Haustier?   ____

Wie viele 👧 👦 sind in dieser Klasse?   ____

64

1 Minusaufgaben im Kopf lösen

14 – ___ = 10   10 – ___ = 5   18 – 2 = ___   12 – 10 = ___

11 – ___ = 10   10 – ___ = 7   13 – 3 = ___   15 – 5 = ___

18 – ___ = 10   10 – ___ = 6   16 – 5 = ___   17 – 1 = ___

17 – ___ = 10   10 – ___ = 2   19 – 6 = ___   20 – 10 = ___

2 Meinen Rechenweg notieren

16 – 7 =   11 – 8 =

12 – 5 =   17 – 9 =

3 Fragen zu einem Schaubild beantworten

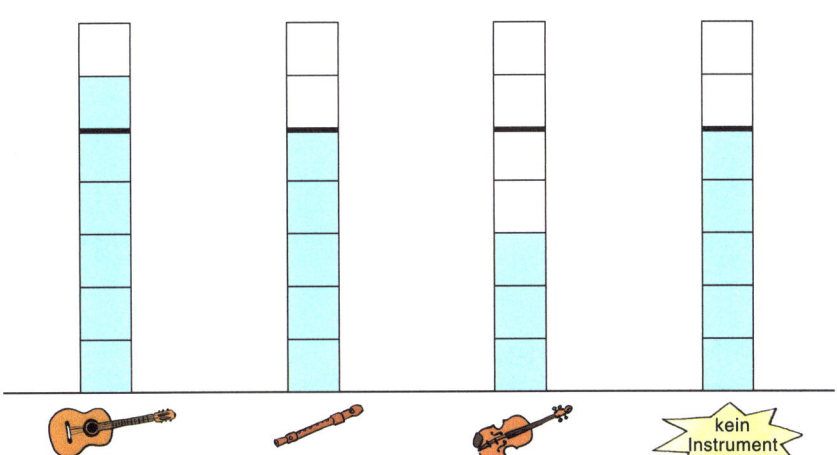

Wie viele Kinder spielen ?   ____

Wie viele Kinder spielen ?   ____

Wie viele Kinder spielen  ?   ____

Wie viele Kinder spielen  ?   ____

1 Wie viel Cent sind es?

_____ ct   _____ ct   _____ ct   _____ ct

2 Lege und male.

6 ct   10 ct   8 ct   12 ct

3 Lege und male. Finde immer 2 Möglichkeiten.

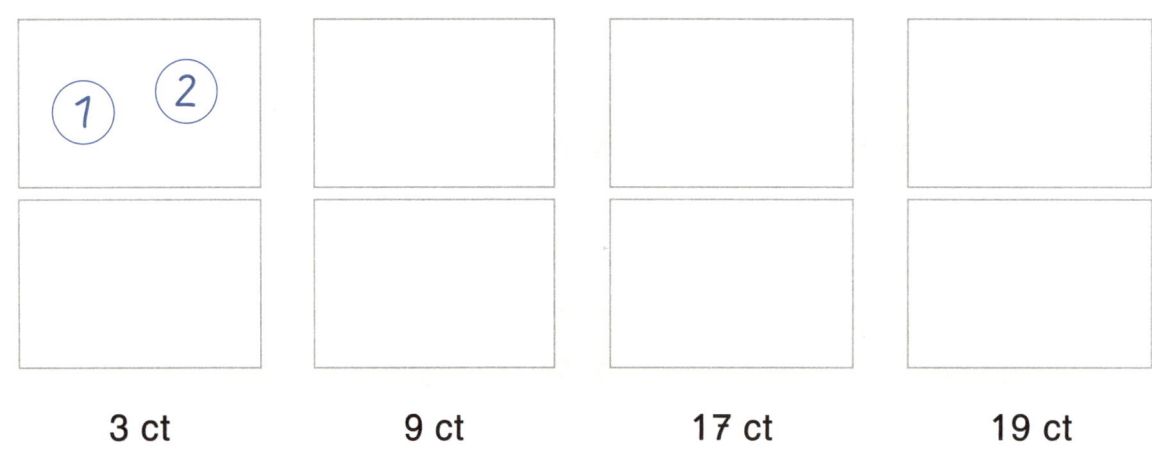

3 ct   9 ct   17 ct   19 ct

4 Immer **7 ct**: Male alle Möglichkeiten auf.

1 Wie viel Euro sind es?

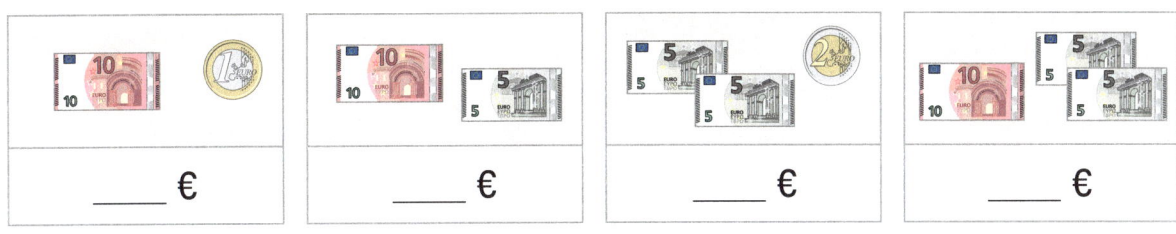

_____ €   _____ €   _____ €   _____ €

2 Wie viel Euro sind es?

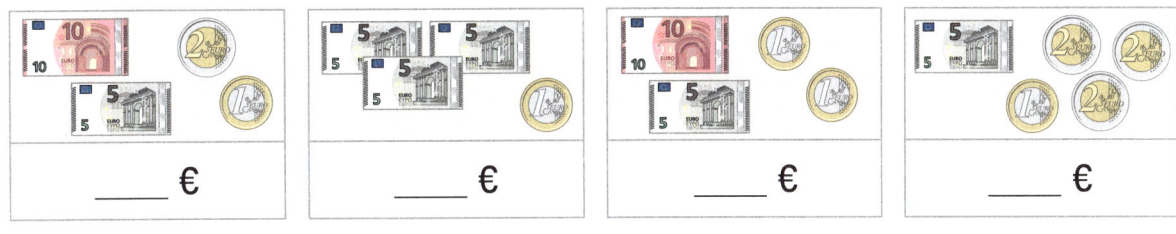

_____ €   _____ €   _____ €   _____ €

3 Welche Scheine und Münzen fehlen? Trage ein.

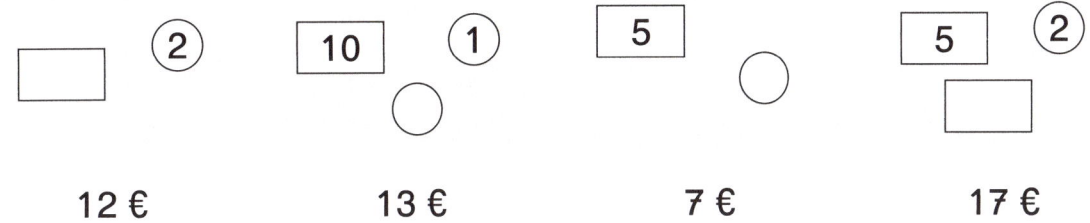

12 €   13 €   7 €   17 €

4 Welche Scheine und Münzen fehlen? Trage ein.

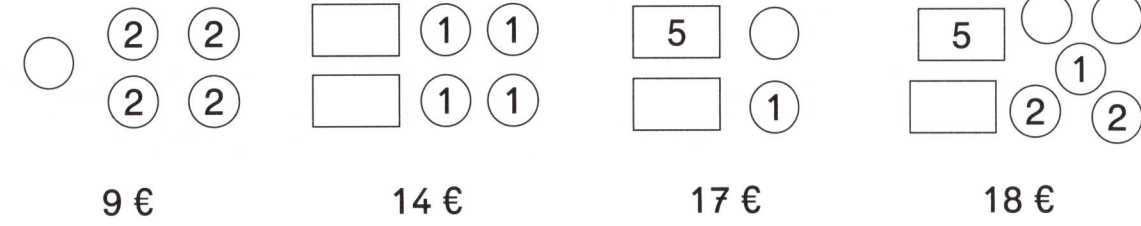

9 €   14 €   17 €   18 €

5 Welche Scheine und Münzen sind es? Trage ein.

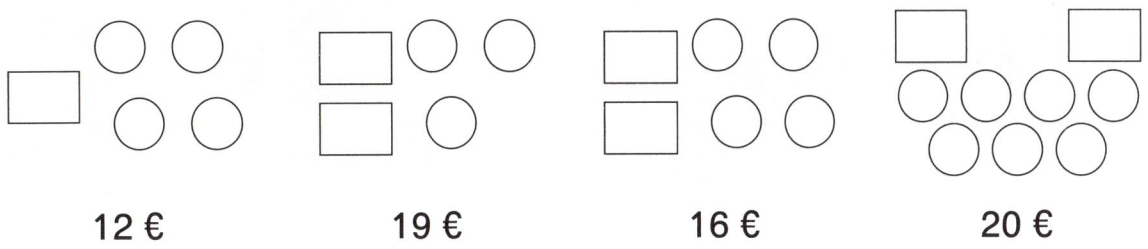

12 €   19 €   16 €   20 €

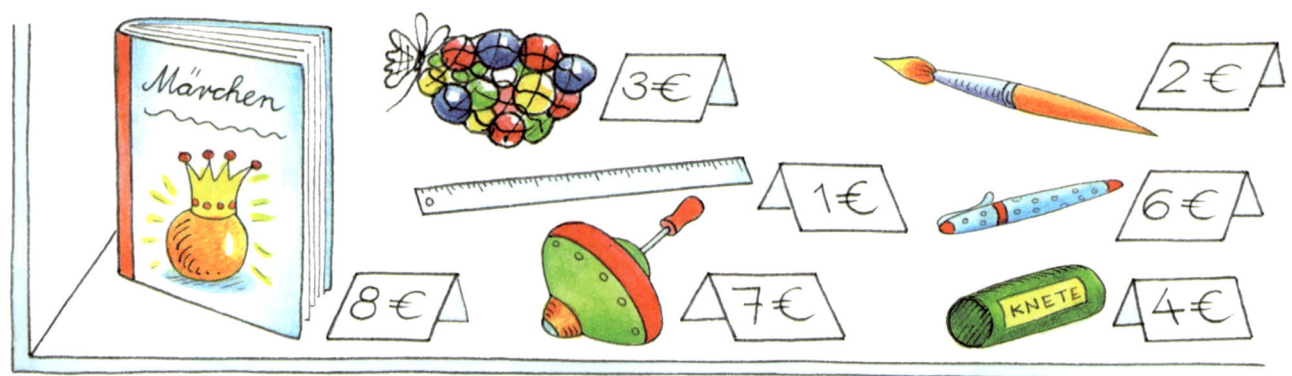

1 Wie viel kostet es zusammen?

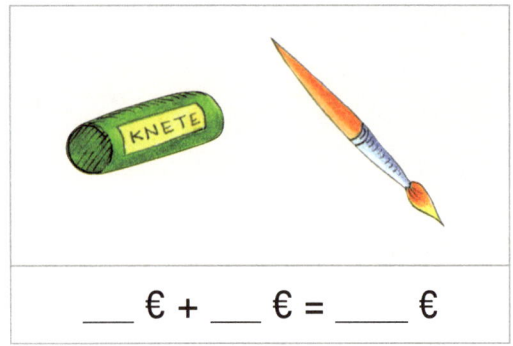

___ € + ___ € = ____ €

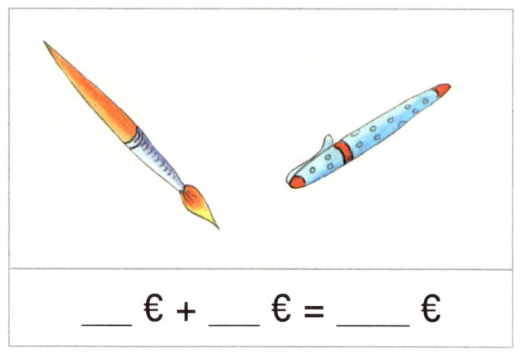

___ € + ___ € = ____ €

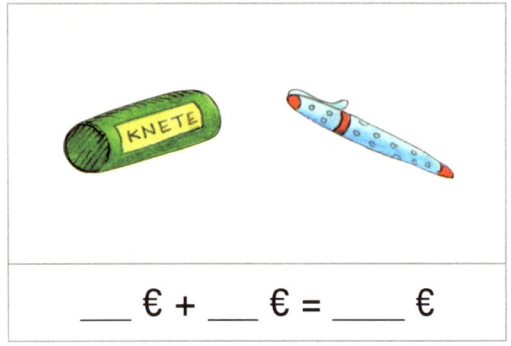

___ € + ___ € = ____ €

___ € + ___ € = ____ €

___ € + ___ € = ____ €

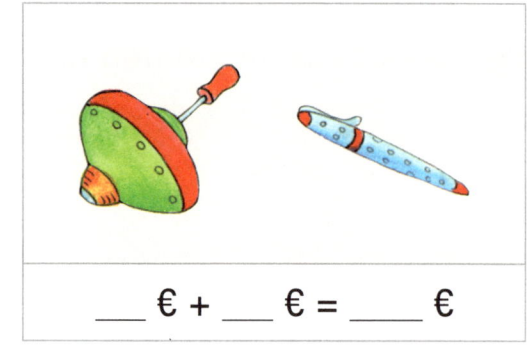

___ € + ___ € = ____ €

2 Wie viel kostet es zusammen?

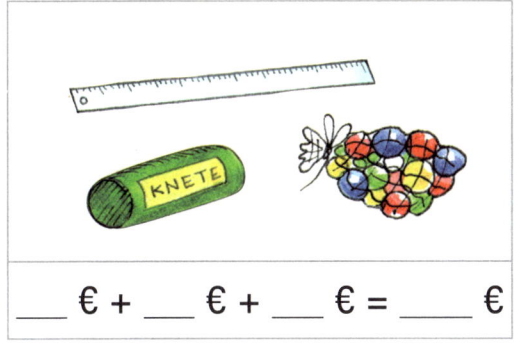

___ € + ___ € + ___ € = ___ €

___ € + ___ € + ___ € + ___ € = ___ €

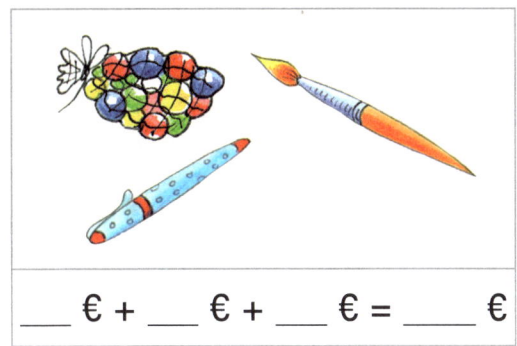

___ € + ___ € + ___ € = ___ €

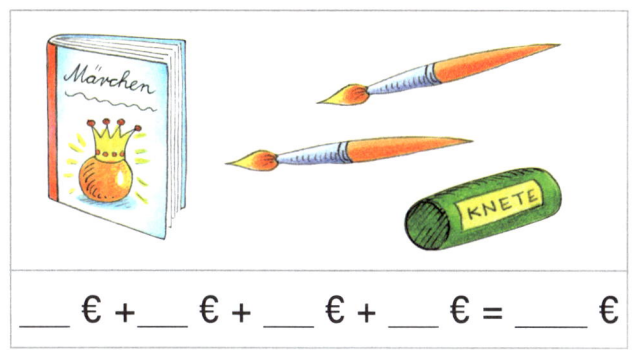

___ € + ___ € + ___ € + ___ € = ___ €

___ € + ___ € + ___ € = ___ €

___ € + ___ € + ___ € + ___ € = ___ €

3 Was wurde noch gekauft? Male oder schreibe.

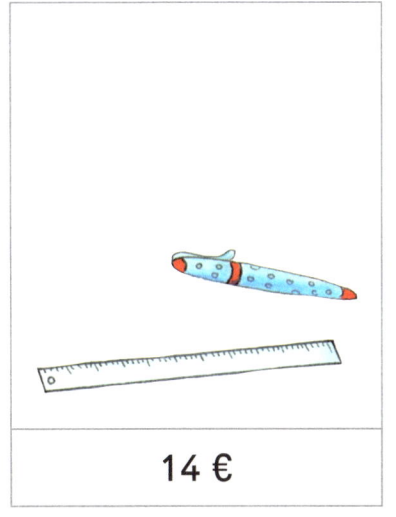

14 €

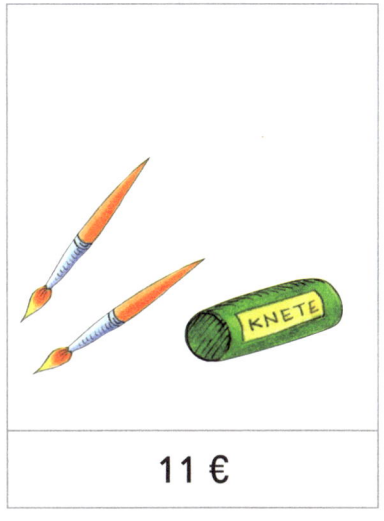

11 €

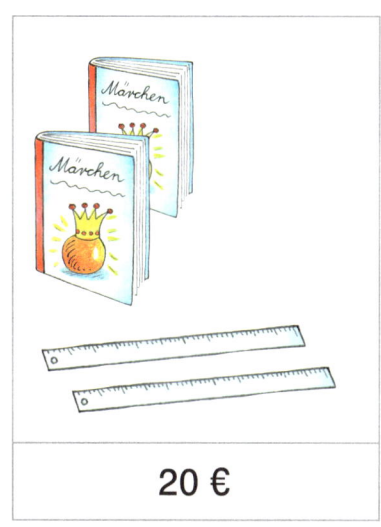

20 €

1 Wie viel Geld bekommen die Kinder zurück?

	hat	kauft	bekommt zurück
Noemi	10 €	8 €	___ €
Fabian	___ €	___ €	___ €
Kim	___ €	___ €	___ €
Jana	___ €	___ €	___ €
Justus	___ €	___ €	___ €

2 Wie viel Geld bekommen die Kinder zurück?

	hat	kauft	bekommt zurück
Jette	10 €	___ € ___ € zusammen: ___ €	___ €
Emilio	___ €	___ € ___ € zusammen: ___ €	___ €
Tobi	___ €	___ € ___ € zusammen: ___ €	___ €
Olga	___ €	___ € ___ € zusammen: ___ €	___ €

3 Was haben die Kinder gekauft? Male oder schreibe.

Kim	___ €	___ € ___ € zusammen: ___ €	___ €
Jana	___ €	___ € ___ € zusammen: ___ €	___ €
Justus	___ €	___ € ___ € zusammen: ___ €	___ €

71

1 Wie spät ist es?

_____ Uhr _____ Uhr _____ Uhr _____ Uhr _____ Uhr

2 Wie spät ist es?

_____ Uhr _____ Uhr _____ Uhr _____ Uhr _____ Uhr

_____ Uhr _____ Uhr _____ Uhr _____ Uhr _____ Uhr

_____ Uhr _____ Uhr _____ Uhr _____ Uhr _____ Uhr

_____ Uhr _____ Uhr _____ Uhr _____ Uhr _____ Uhr

3 Trage die Zeiger ein.

 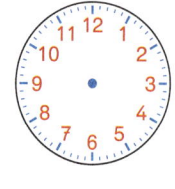   

| 14:00 | 16:00 | 17:00 | 19:00 | 21:00 |

4 Welche Uhrzeit passt?

☐ `03:00`   ☐ `15:00`

☐ `05:00`   ☐ `17:00`

☐ `02:00`   ☐ `14:00`

☐ `10:00`   ☐ `22:00`

5 Wie spät ist es?

Der Stundenzeiger steht auf 7.
Der Minutenzeiger steht auf 12.
Es gibt gerade Abendbrot.

Es ist ____ Uhr.

Der Stundenzeiger steht auf 10.
Der Minutenzeiger steht auf 12.
Die Schulglocke klingelt.

Es ist ____ Uhr.

Der Minutenzeiger steht auf 12.
Stundenzeiger und Minutenzeiger liegen genau übereinander.
Draußen leuchten die Sterne.

Es ist ____ Uhr.

Der Minutenzeiger steht auf 12.
Der Stundenzeiger steht genau gegenüber.
Papa kocht Abendessen.

Es ist ____ Uhr.

1 Welche Fragen kannst du mithilfe des Bildes sicher beantworten?

☐ Wie viele Kinder stehen am Eisstand? ____

☐ Wie viele Gondeln hat das Riesenrad? ____

☐ Wann endet das Fest? ____

☐ Was kosten 3 Lose? ____

☐ Warum weint der Junge? ____

☐ Wie viele Kinder
sind auf der Hüpfburg? ____

☐ Wie spät ist es? ____

2 Setze die fehlenden Zahlen ein. Rechne.

Zuerst waren ____ Kinder auf der Hüpfburg.

Dann rutschen ____ Kinder weg.

____ – ____ = ____

 3 Finde zu jedem Bild die passende Aufgabe. Verbinde und rechne.
Zwei Aufgaben bleiben übrig.

◀ 4 + 5 = ____ ▶

◀ 5 + 6 = ____ ▶

◀ 18 – 4 = ____ ▶

◀ 10 – 7 = ____ ▶

◀ 3 + 2 = ____ ▶

◀ 9 – 5 = ____ ▶

Bei welcher Frage musst du rechnen? Kreuze an.

Rechne und antworte.

1 Im Korb sind zuerst 5 Ringe.
Dann nimmt Justus 2 Ringe heraus.

☐ Wie viele Ringe nimmt Justus? ____ Ringe nimmt Justus.

☐ Wie viele Ringe sind dann im Korb? ____ Ringe sind im Korb.

2 Jette und Justus werfen Ringe.
Justus hat 13 Punkte.
Jette hat 4 Punkte weniger.

☐ Wie viele Punkte hat Jette? ____ Punkte hat Jette.

☐ Wie viele Punkte hat Justus? ____ Punkte hat Justus.

3 Olga und Ali werfen Ringe.
Olga hat 17 Punkte.
Ali hat 3 Punkte mehr.

☐ Wie viele Punkte hat Olga? ____ Punkte hat Olga.

☐ Wie viele Punkte hat Ali? ____ Punkte hat Ali.

4 Emine, Tobi und Kim werfen Ringe.
Kim hat 7 Punkte.
Emine hat doppelt so viele Punkte
wie Kim. Tobi hat 5 Punkte weniger
als Emine.

☐ Wie viele Punkte hat Emine? ____ Punkte hat Emine.

☐ Wie viele Punkte hat Tobi? ____ Punkte hat Tobi.

☐ Wie viele Punkte hat Kim? ____ Punkte hat Kim.

Tretboot	20 Minuten	4 €
	1 Stunde	8 €
Ruderboot	20 Minuten	7 €
	1 Stunde	14 €

1 Kugel Eis	1 €
Muffin	2 €
Bratwurst	3 €
Wasser	1 €
Saft	2 €

1 Pia kauft 1 Becher Wasser und 1 Bratwurst.
Wie viel Euro muss Pia bezahlen?

_____ € + _____ € = _____ €

Pia muss _____ € bezahlen.

2 Ali kauft 2 Flaschen Saft und 2 Muffins.
Wie viel Euro bekommt Ali zurück?

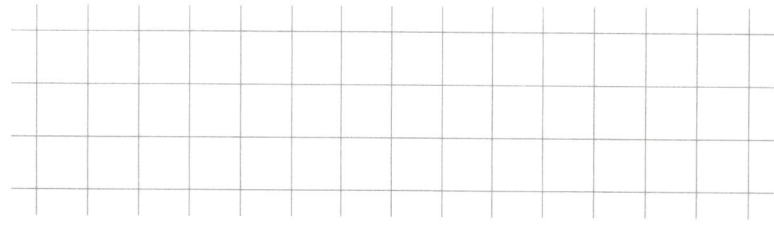

Ali bekommt _____ € zurück.

3 Familie Müller möchte 1 Stunde und 20 Minuten
mit dem Ruderboot fahren. Reicht das Geld?

Das kann ich jetzt! 7

1 Geldbeträge bestimmen

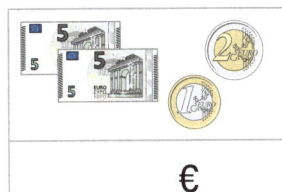 ____ €

 ____ €

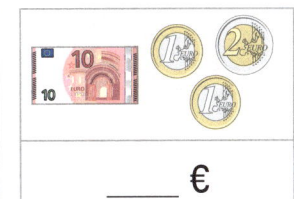 ____ €

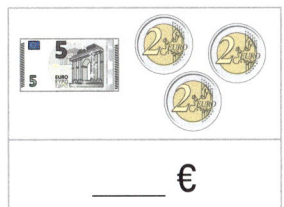 ____ €

2 Uhrzeiten ablesen

____ Uhr   ____ Uhr   ____ Uhr   ____ Uhr   ____ Uhr

____ Uhr   ____ Uhr   ____ Uhr   ____ Uhr   ____ Uhr

 3 Bildern passende Aufgaben zuordnen

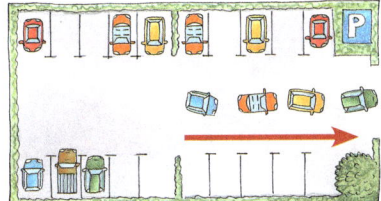   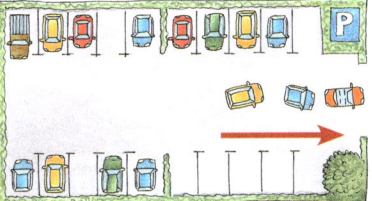   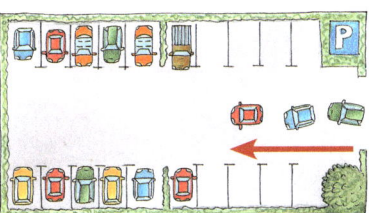

15 − 3 = ____   12 + 3 = ____   13 − 4 = ____

4 Sachaufgaben lösen

Ben kauft 1 Flasche Saft und 1 Pizza.
Er bezahlt mit einem 10-Euro-Schein.
Wie viel Euro bekommt Ben zurück?

Pizza	4 €
Muffin	2 €
Saft	2 €
Wasser	1 €

Ben bekommt ____ € zurück.

1 Welche Zahl steht im Zielstein?

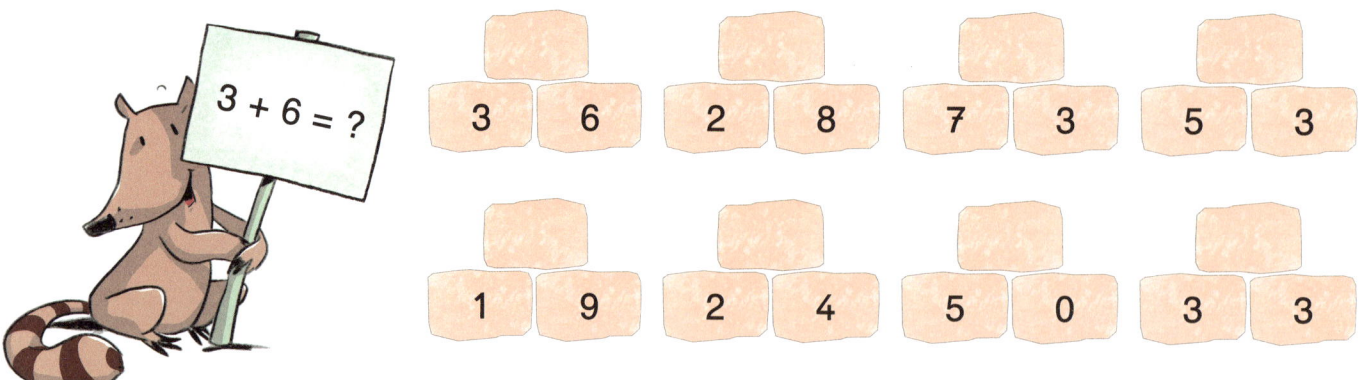

```
3 + 6 = ?
```

3 6	2 8
7 3	5 3

1 9	2 4
5 0	3 3

2 Welche Zahl steht im Grundstein?

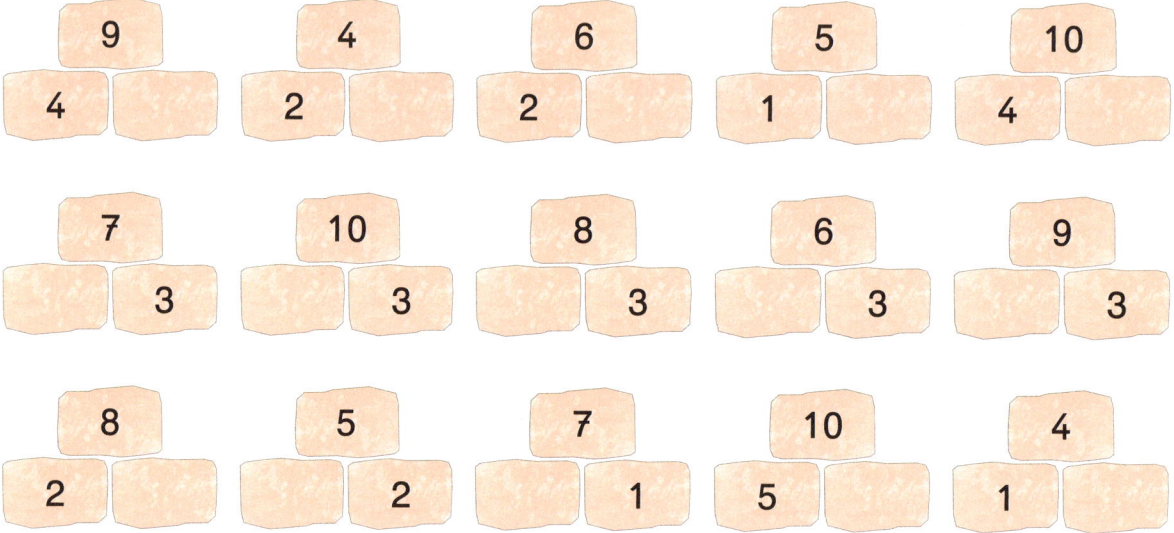

9	4	6	5	10
4	2	2	1	4

7	10	8	6	9
3	3	3	3	3

8	5	7	10	4
2	2	1	5	1

3 Immer zwei Mauern: Trage die Zahlen ein.

3 Zahlen passen immer zusammen.

7	6	4
3	8	2

7

4	4	5
9	5	1

2	7	4
3	6	10

1 Trage die fehlenden Zahlen ein.

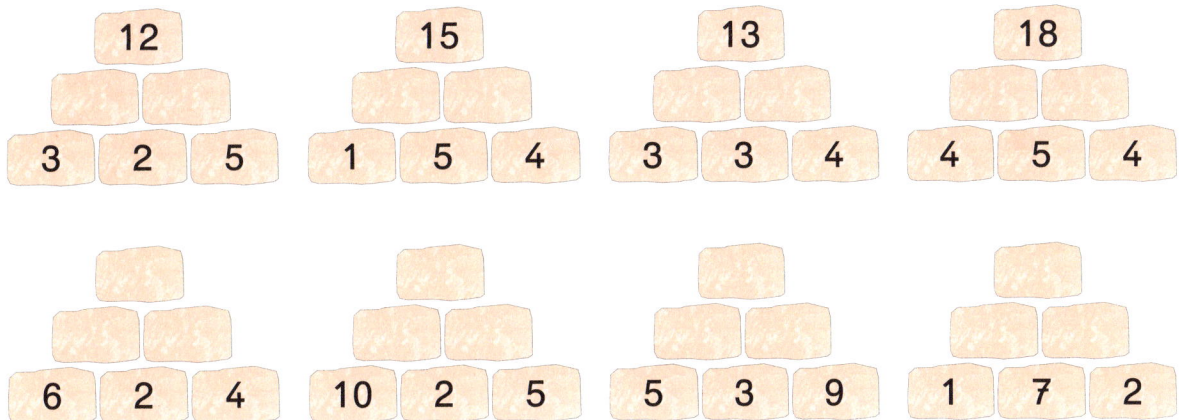

2 Trage die fehlenden Zahlen ein.

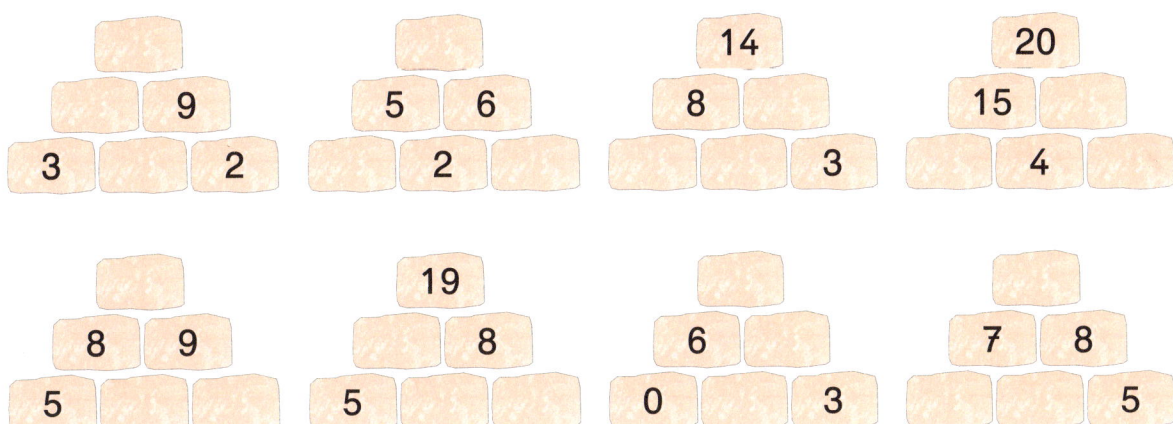

3 Der **niedrigste** Zielstein gewinnt. Setze die Zahlen passend ein.

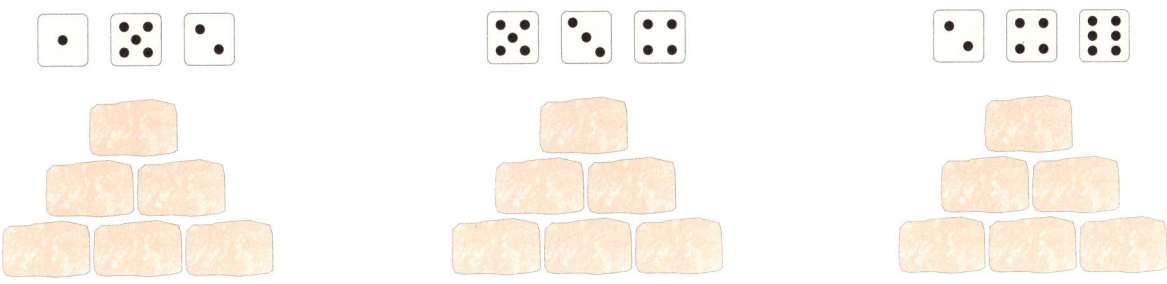

4 Baue die Rechenmauern richtig auf.

1 Rechne.

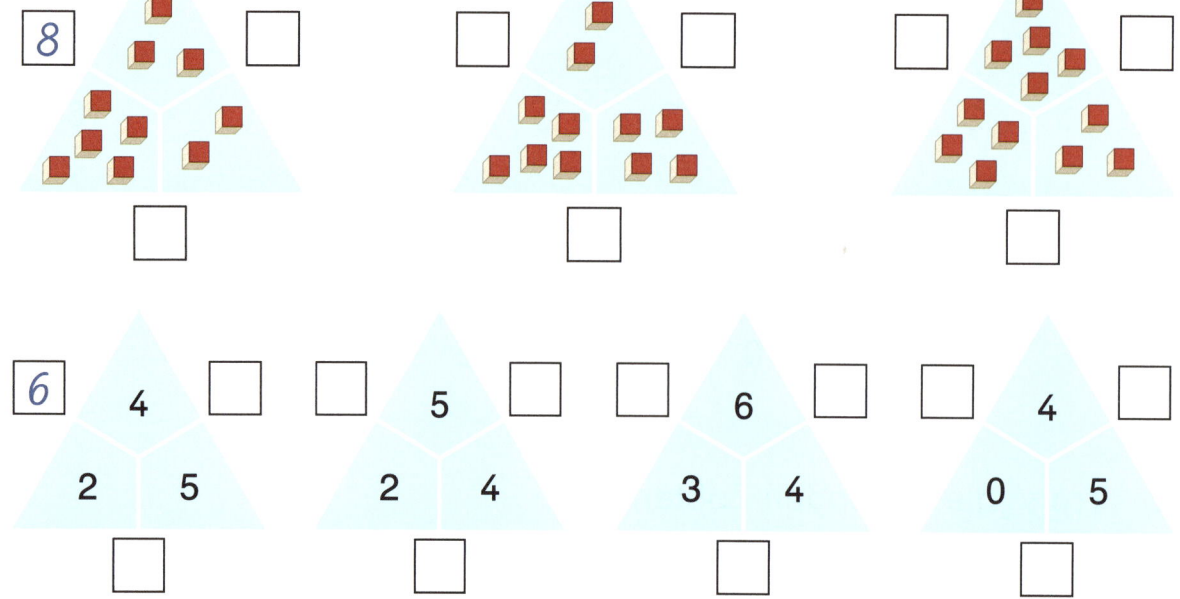

2 Rechne.

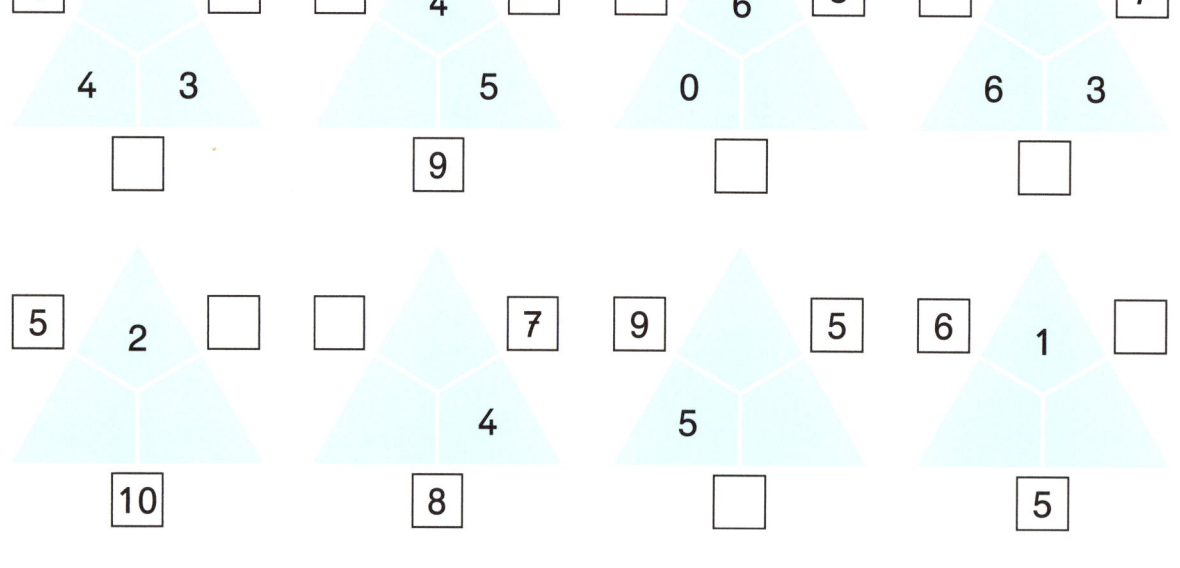

3 Probiere und trage die Lösungen ein.

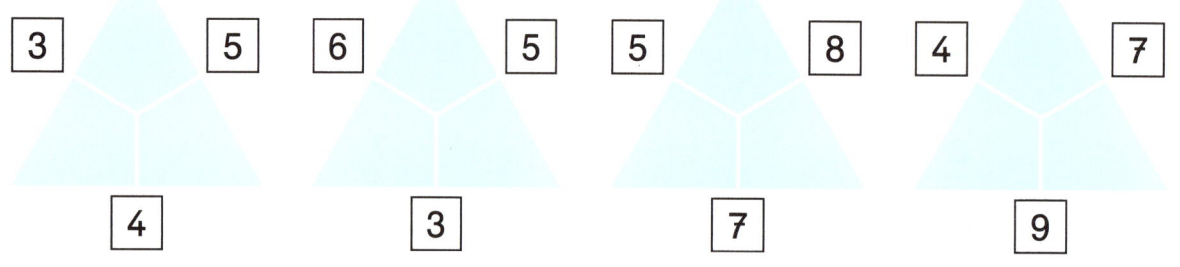

1 Zusammen sind es immer **20 Würfel**. Lege und rechne.

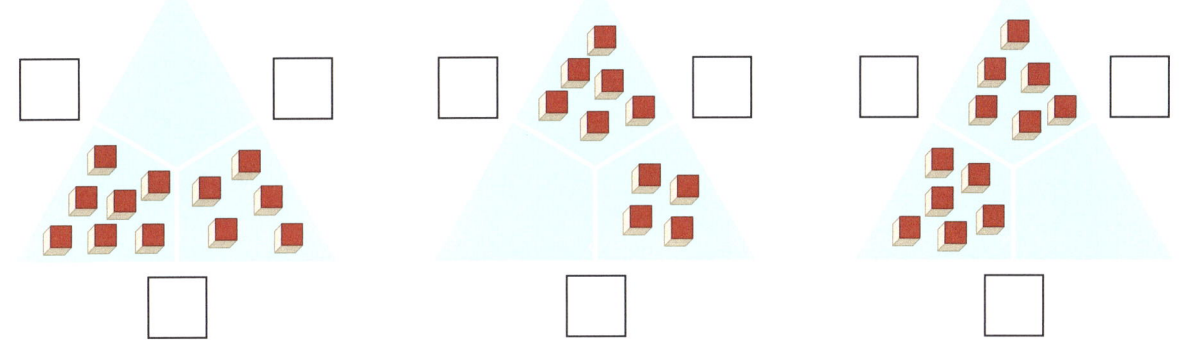

2 Innenzahlen: Zusammen sind es immer 20. Rechne.

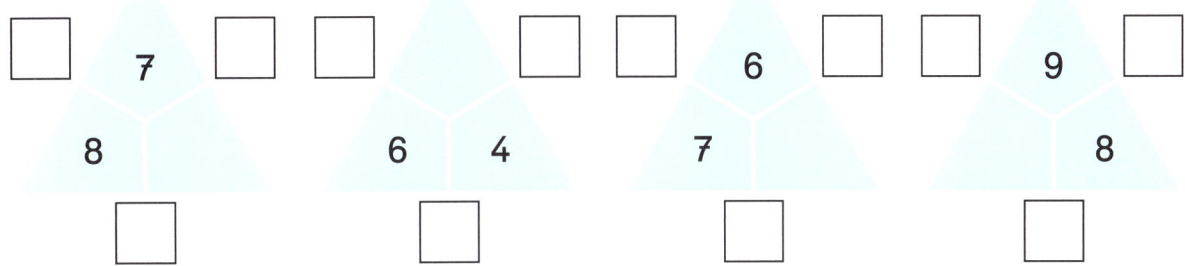

3 Rechne.

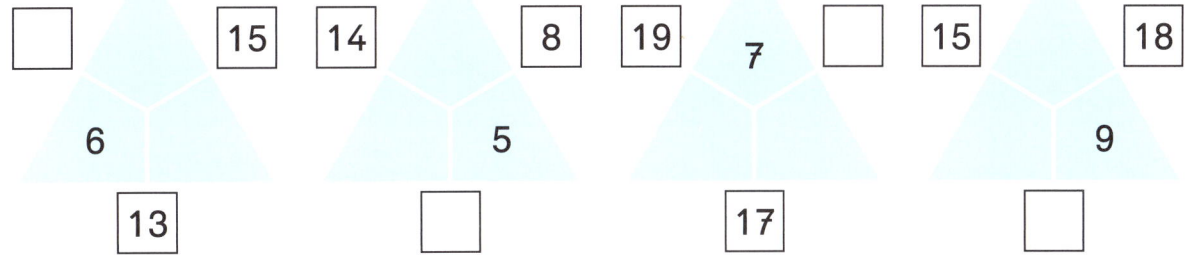

4 Trage die sechs Zahlen passend ein.

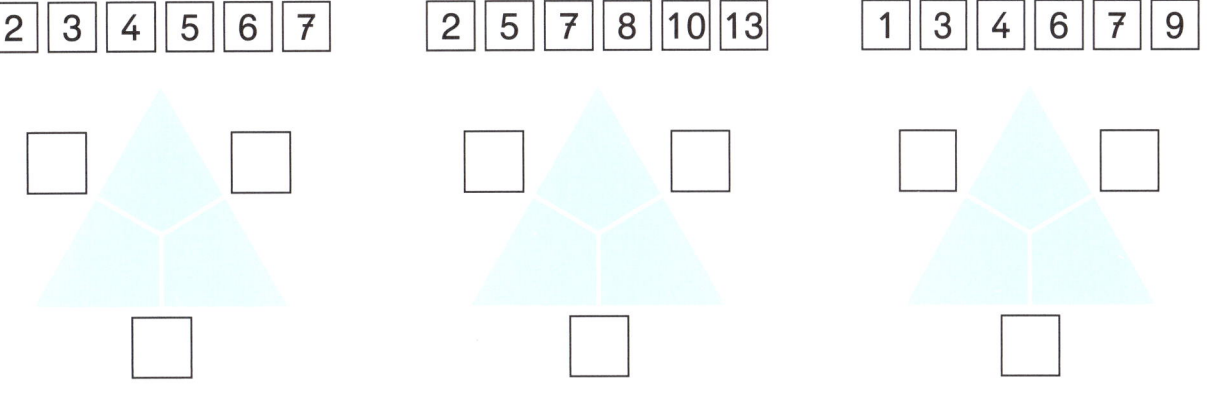

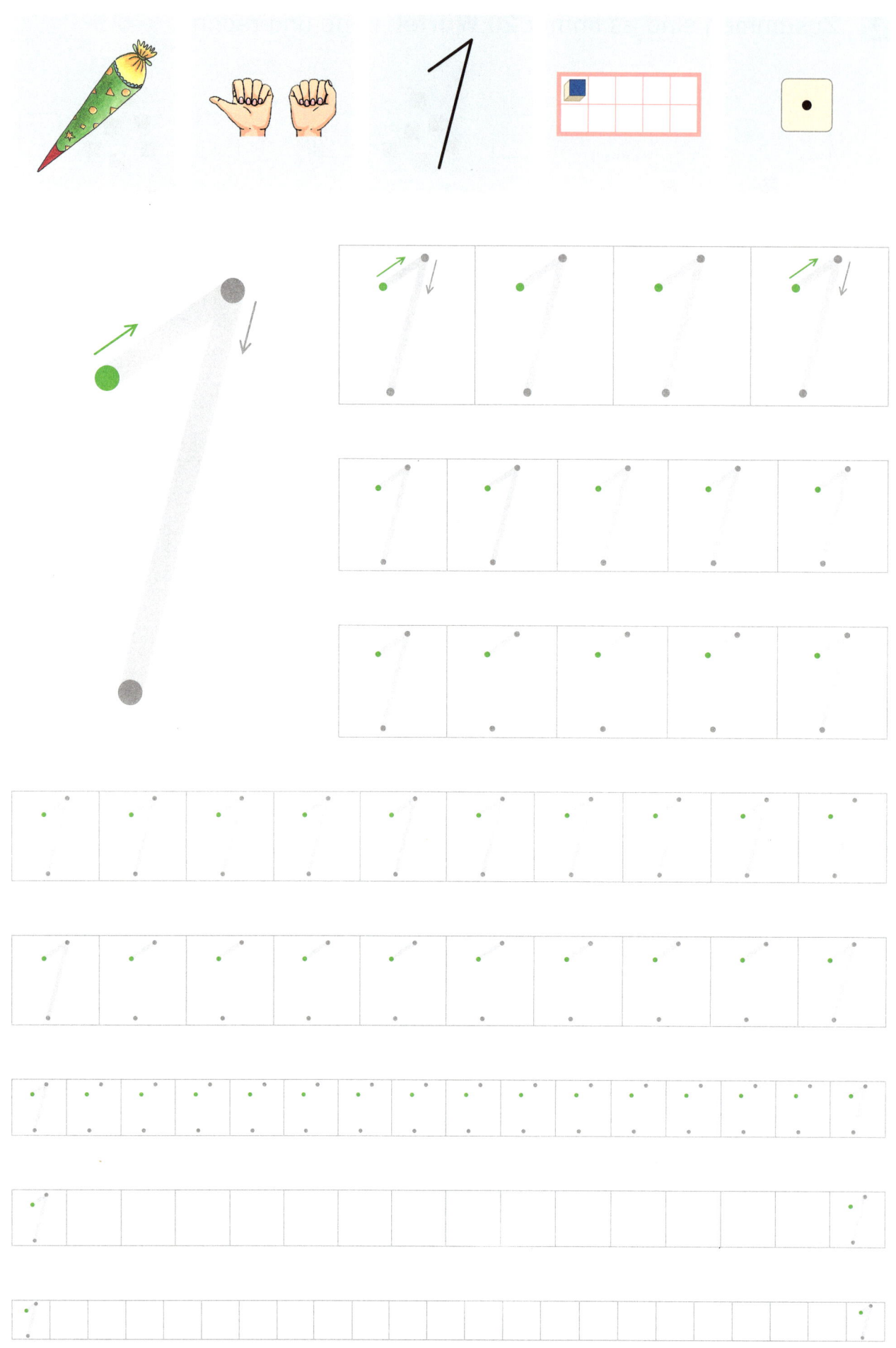

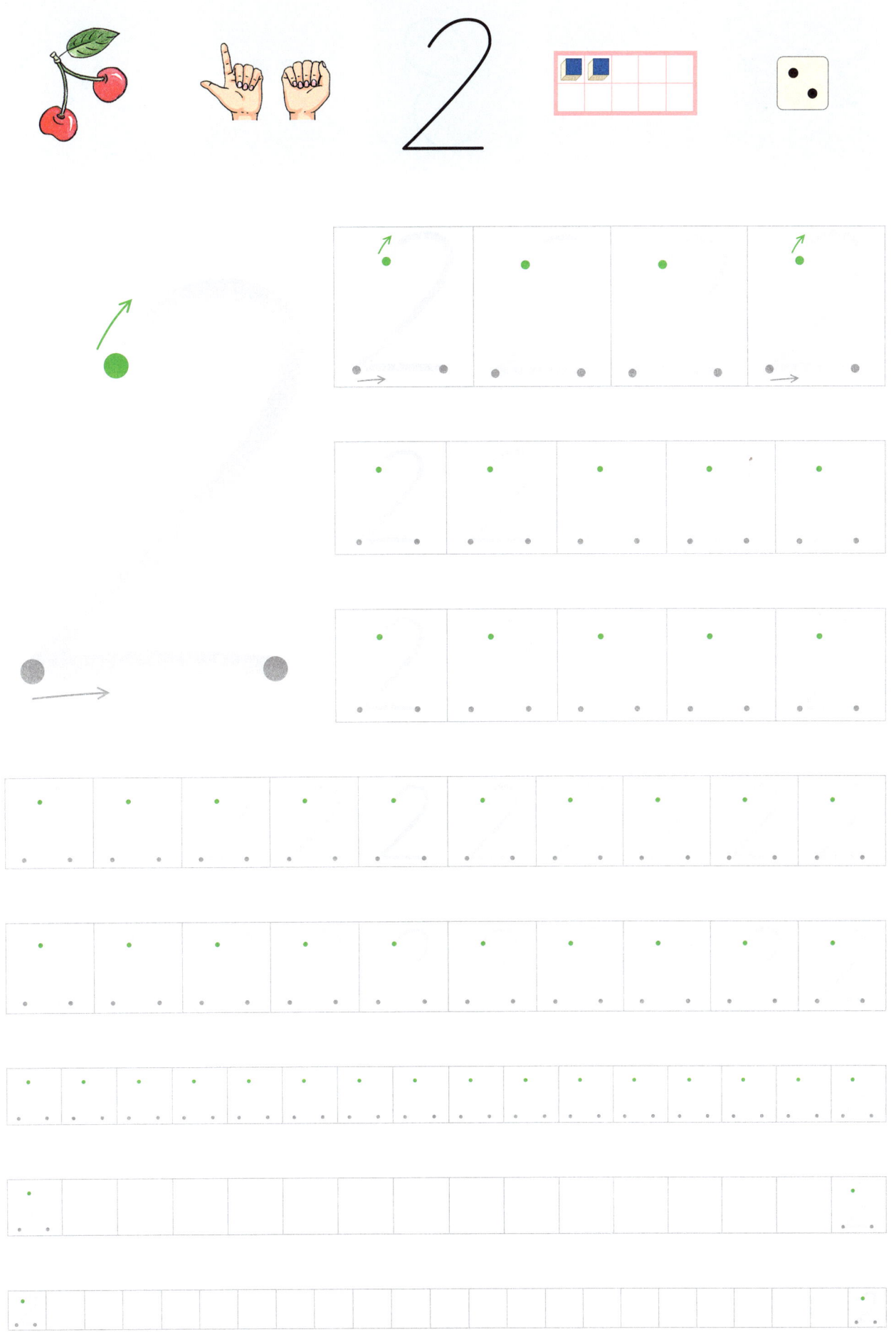

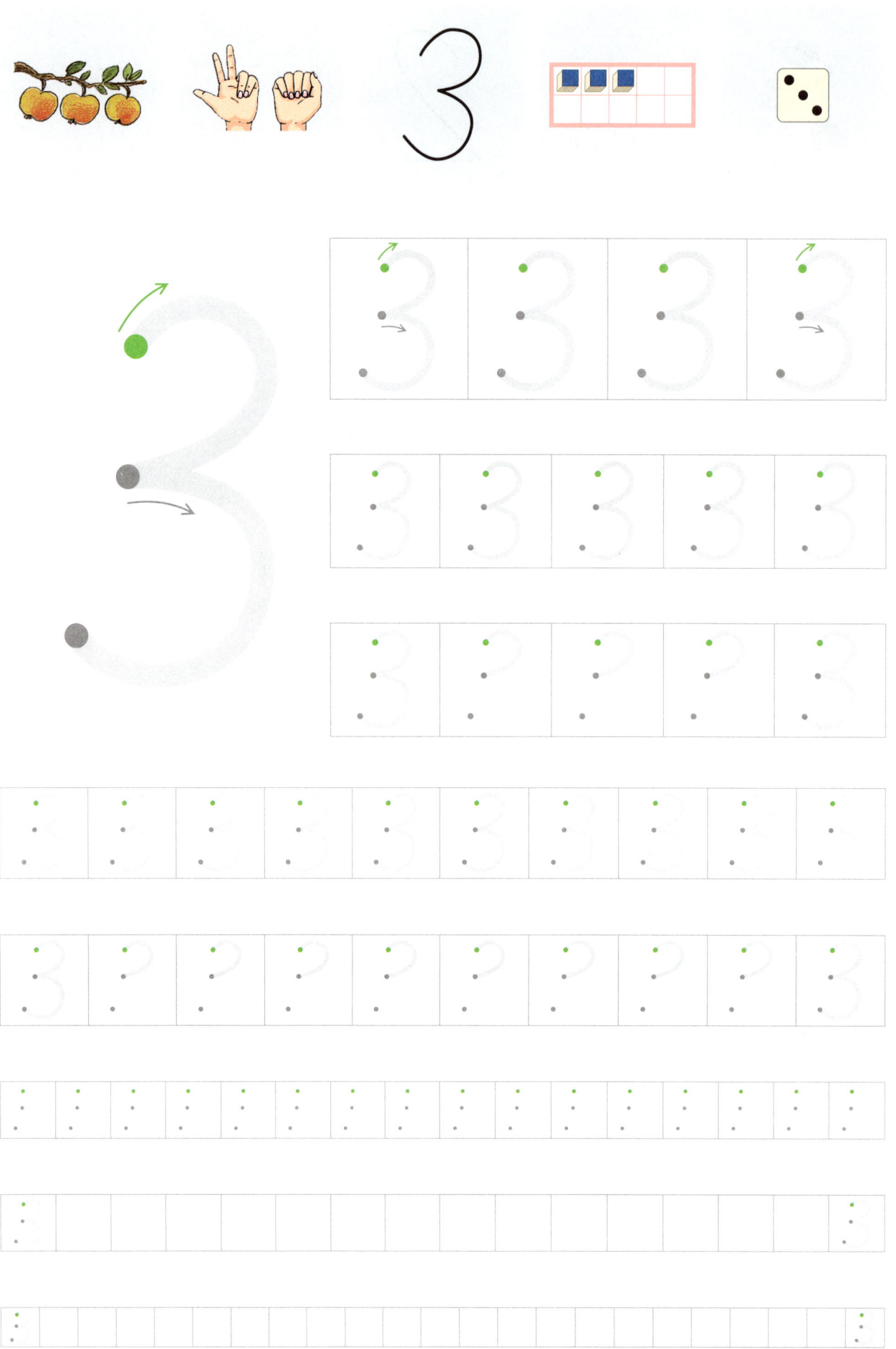

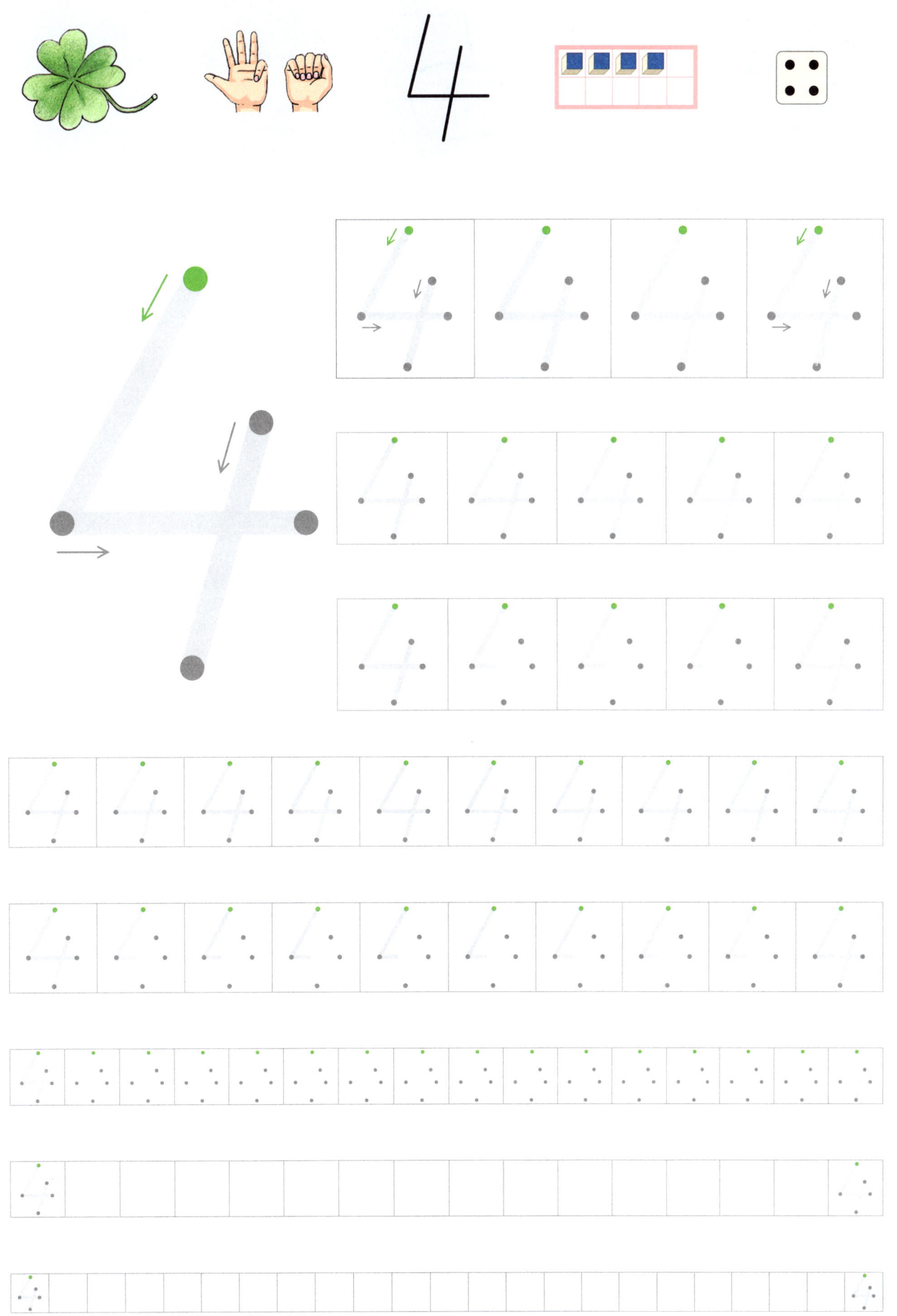

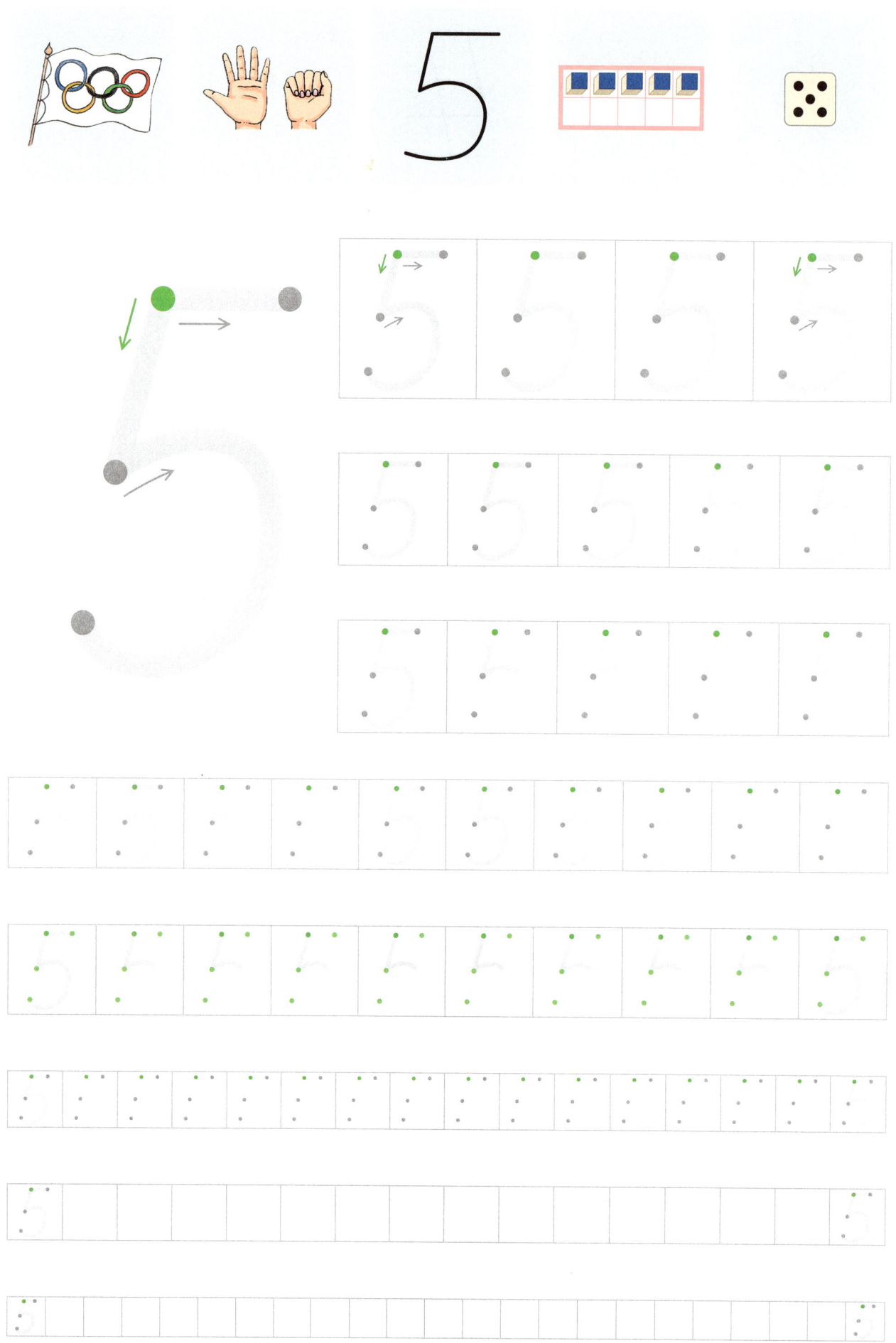

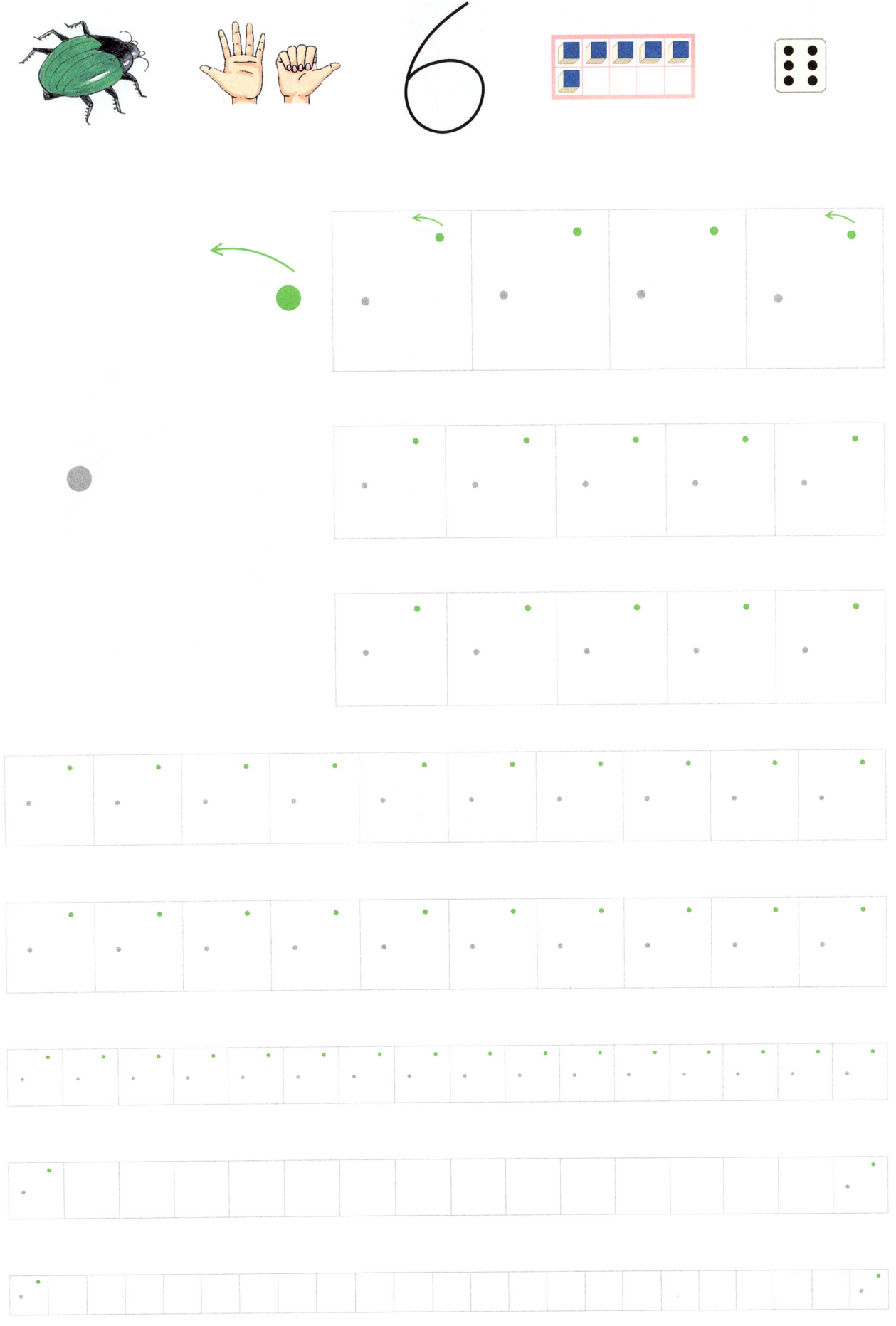

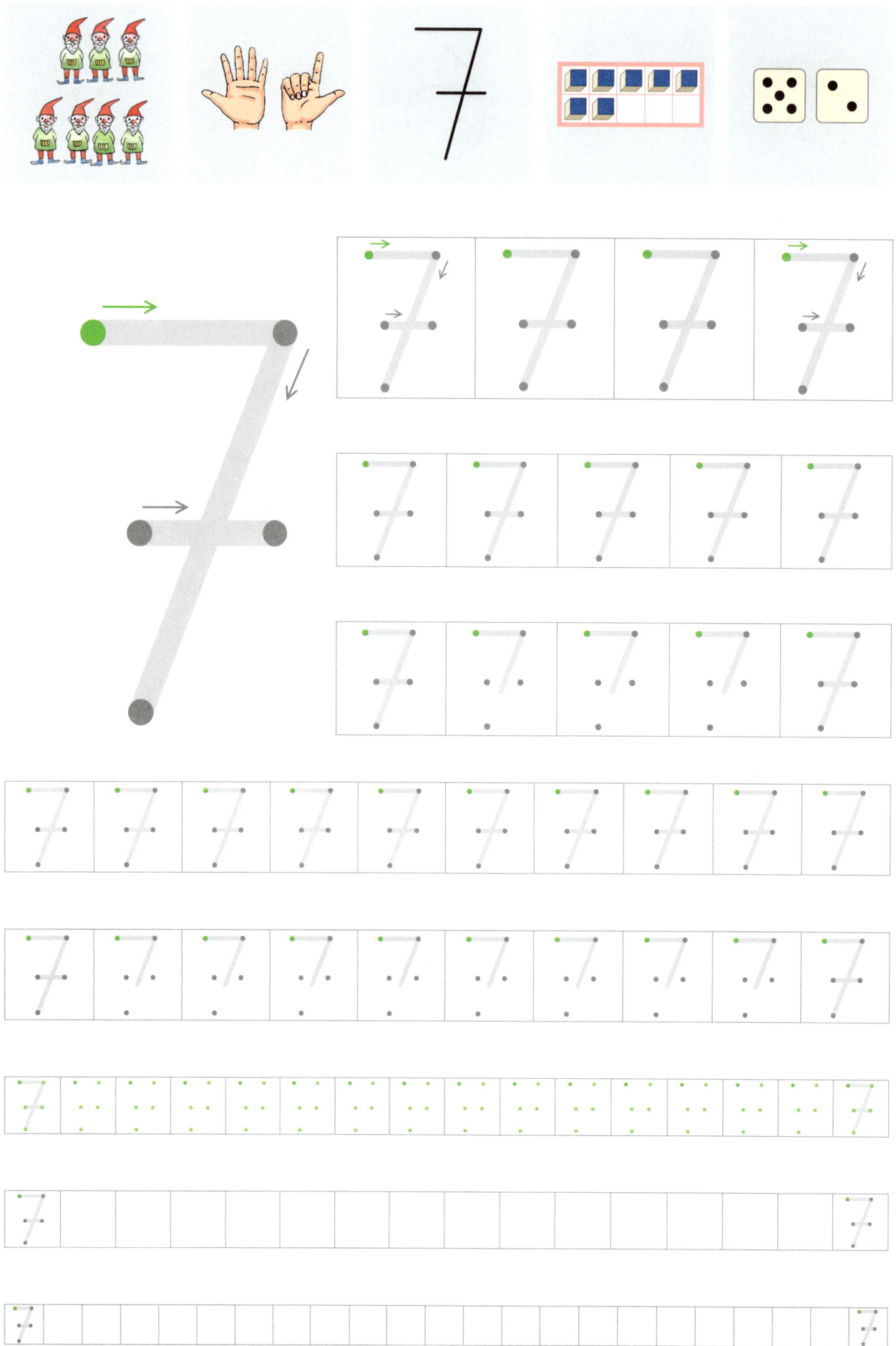

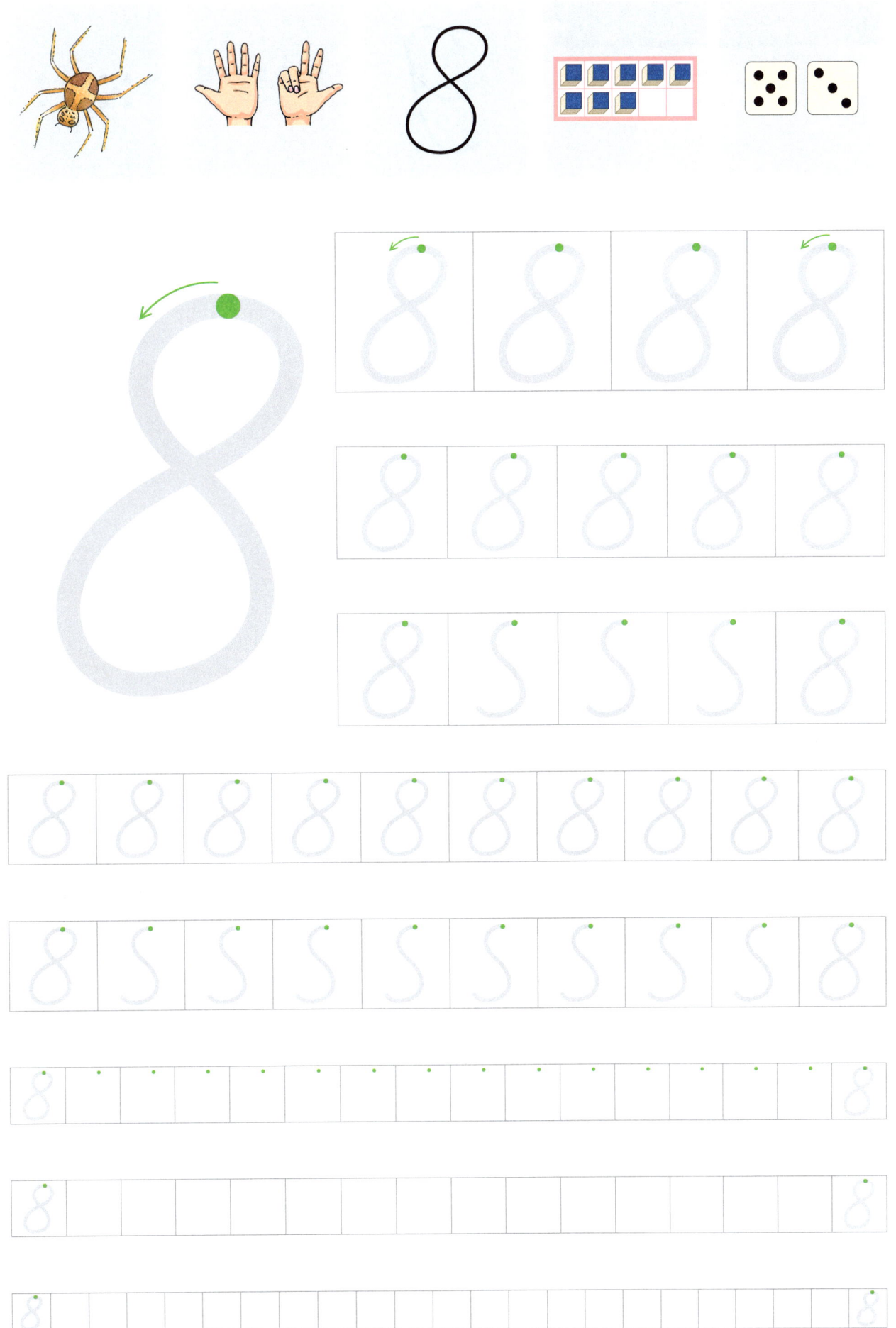

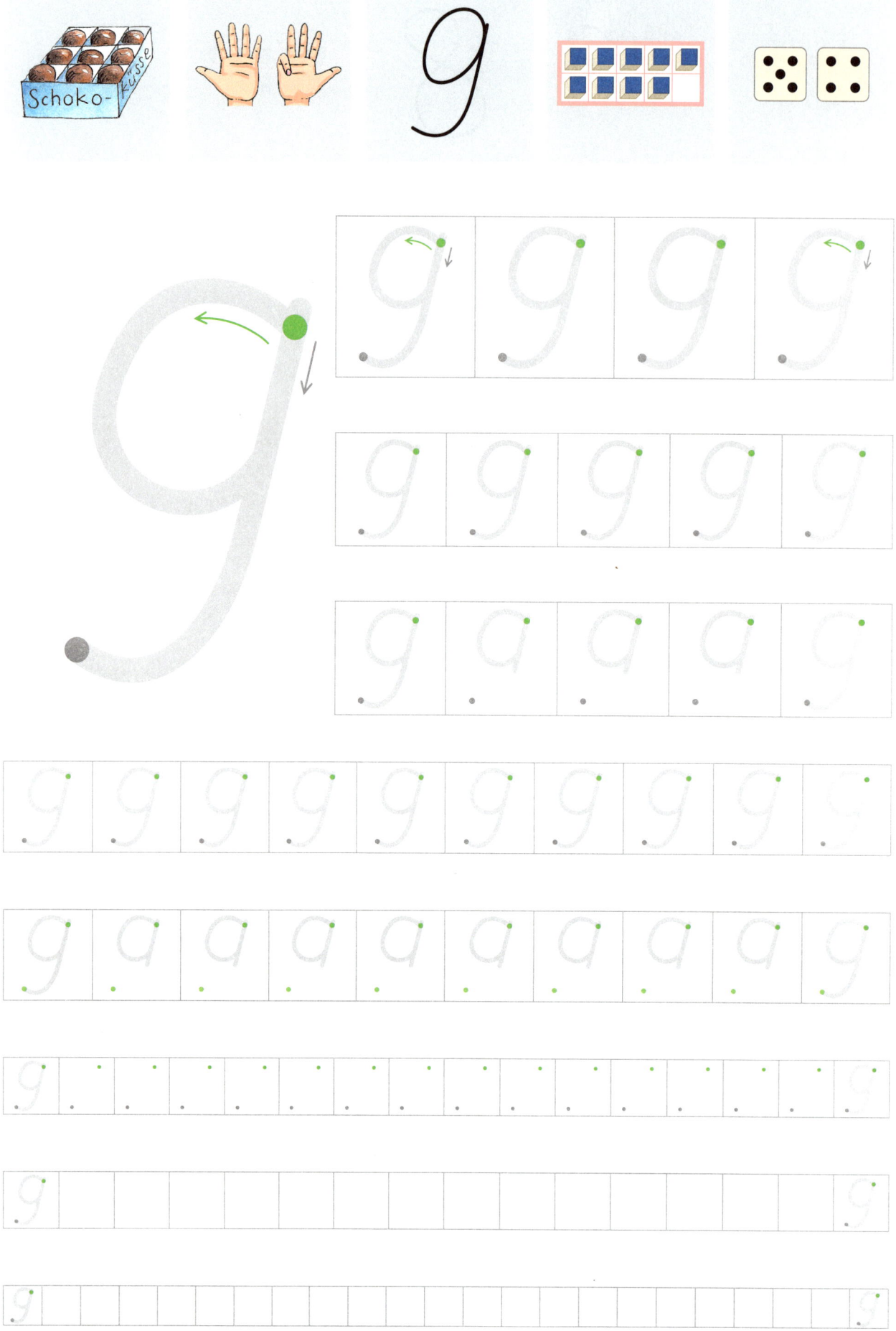

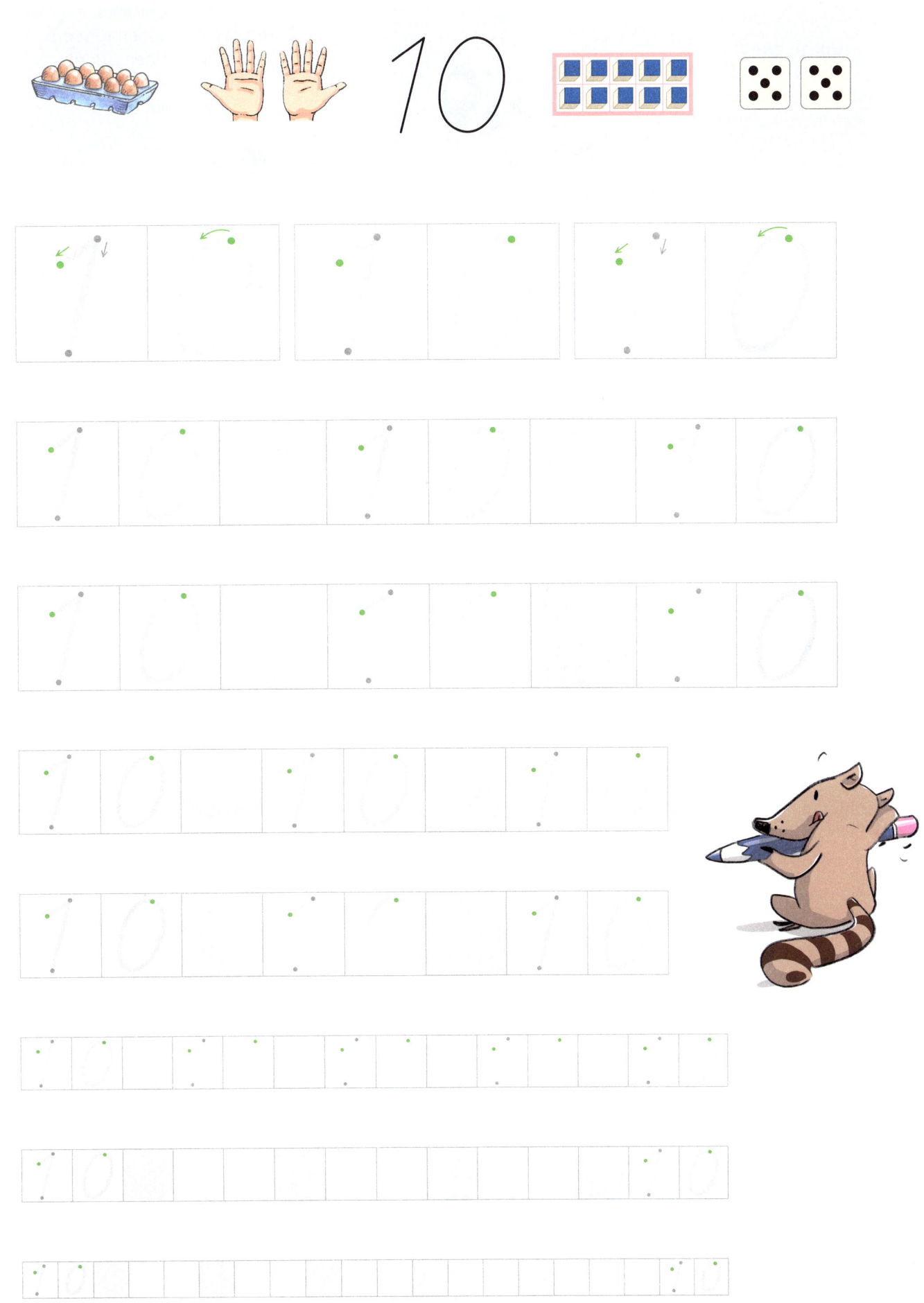

Partnerübungen – Trainingsplan

Übt zu zweit.
Die Bilder und
Anleitungen findet ihr
auch im Schulbuch.

Übe mehrmals
mit verschiedenen Kindern
oder mit deinen Eltern.
Mache ein Kreuz für
jedes Mal üben.

Anzahlen fühlen – SB S. 7

Es sind
5 Würfel.

Schnellblick – SB S. 12

3

Schnellblick – SB S. 13

4

Hamstern – SB S. 16

Ich habe
2 Würfel mehr
als du.

Zahlenreihe bis 10 – SB S. 20

Welche
Zahl kommt
direkt nach
5?

6

direkt nach
5

Vorwärts und rückwärts zählen – SB S. 21

5, 6, 7, 8, …

5

Zahlen stechen bis 10 – SB S. 22

Juhu!
6 ist größer als 2.
Ich bekomme beide
Karten.

6

2

1   4   10   7

Figurendiktat – SB S. 27

Lege einen
roten Würfel in das
Feld oben rechts.

Wie viele Finger sind versteckt? – SB S. 35

10 gewinnt – SB S. 36

Plusaufgaben zeigen – SB S. 43

Minusaufgaben zeigen – SB S. 49

Partneraufgaben üben – SB S. 61

Schnellblick am Zwanzigerfeld – SB S. 72

Zahlenreihe bis 20 – SB S. 74

Zahlen stechen bis 20 – SB S. 76

Verdopplungsaufgaben üben – SB S. 82

Geldbeträge legen – SB S. 103

Start

Meine Zahl ist das Doppelte von 9.

Fredo

Zähle rückwärts 20, 19 … 10.

Meine Zahl ist größer als 14, aber kleiner als 16.

$16 < \underline{\quad} < 18$

$8 + 5 = \underline{\quad}$

Wie viel kosten 4 Ananas?

3 €

Nenne 3 Flächenformen.

Sticker aufkleben:

Fredo

Fips

Frida

Spiel

Zähle vorwärts in Schritten: 2, 4 … 20.

Justus hat 7 €. Oma schenkt ihm 5 €. Wie viel Geld hat Justus jetzt?

$<$, $=$, $>$?

Meine Zahl ist um 4 größer als 14.

_____ Uhr
_____ Uhr

ZIEL

Spielregel

Bei diesem Spiel können 2–4 Kinder mitspielen. Ihr benötigt einen Würfel und 2–4 Spielfiguren. Das älteste Kind darf beginnen.

⬚ Würfelt der Reihe nach und rückt entsprechend dem Würfelergebnis vor.

🐸 Du darfst 2 Felder vorrücken.

🦀 Du musst 2 Felder zurückgehen.

🐵 Aufgabenfeld: Ist dein Ergebnis falsch, musst du eine Runde aussetzen.

Erarbeitet von:	Mechtilde Balins, Rita Dürr, Nicole Franzen-Stephan, Ute Plötzer, Anne Strothmann, Margot Torke
Unter Beratung von:	Christian Bussebaum, Mathematisch-Lerntherapeutisches Institut Düsseldorf (ILSA)
Unter Einbeziehung der Ausgabe von:	Mechtilde Balins, Rita Dürr, Nicole Franzen-Stephan, Petra Gerstner, Petra Pfeifer, Ute Plötzer, Barbara Rütz, Anne Strothmann, Margot Torke und Lilo Verboom
Redaktion:	Marlen Dietz
Illustration:	Cleo-Petra Kurze (alle Illustrationen mit Ausnahme der nachfolgend genannten); Friederike Ablang (Justus und Jette nach Vorlagen von Cleo-Petra Kurze): S. 3, 6–7, S. 12 (Ball, Eimer, Buch, Mütze), S. 17 (Bilderfolgen „Geschenke" und „Limonade"), S. 26 (Tulpen, Zaun, Sandkuchen, Schirme), S. 27 (Schirme, Vögel und Aufgabe 4), S. 28 (Schweine und Pferde), S. 44 (Perlen und Perlenketten), S. 53–55 (Koffer), S. 54,62 (Zettel), S. 57–62 (Koffer), S. 65 (Musikinstrumente), S. 4–78 (Bleistift und Buntstifte), S. 92–93 (Abb. zu SB S. 7, 12, 13, 27, 35, 43, 49, 61, 72, 103); Renate Möller (Fingerbilder): S.4, 15, 16, 20, 24, 82–91 Martina Theisen (Leitfiguren Fredo, Frida und Fips mit Ausnahme der nachfolgend genannten); Irina Zinner (Fredo nach Vorlagen von Martina Theisen): Cover
Grafik:	Detlef Seidensticker
Umschlaggestaltung:	Corinna Babylon und Jule Kienecker, Berlin
Layout:	Heike Börner
Technische Umsetzung:	Thomas Werner für PER MEDIEN & MARKETING GmbH, Braunschweig

Quellenverzeichnis

S. 66, 67, 71, 77 (Euromünzen): Cornelsen / Detlef Seidensticker / Deutsche Bundesbank / Luc Luycx aus Belgien; S. 67, 70, 71, 77 (Euroscheine): Cornelsen / Christine Wächter / Deutsche Bundesbank

www.cornelsen.de

1. Auflage, 1. Druck 2021

Alle Drucke dieser Auflage sind inhaltlich unverändert und können im Unterricht nebeneinander verwendet werden.

© 2021 Cornelsen Verlag GmbH, Berlin

Druck: H. Heenemann, Berlin

ISBN 978-3-06-084676-4